# ESSAI DE GÉOGRAPHIE.

## SECONDE PARTIE.

# DICTIONNAIRE GÉOGRAPHIQUE, FRANÇOIS-LATIN.

A PARIS,
Chez THIBOUST, Imprimeur du ROY, Place de Cambray.

M. DCCXLIV.

*Avec Approbation & Privilege de Sa Majesté.*

# ESSAI DE GÉOGRAPHIE.

## SECONDE PARTIE.

## DICTIONNAIRE GÉOGRAPHIQUE, FRANÇOIS-LATIN.

## A.

A

L'AA, petite Riviere sur les frontieres de la Flandre & de l'Artois, qui tombe dans la Mer à Gravelines. *Agnio.*

L'Aa, petite Riviere de la Saxe septentrionale, en Allemagne. *Velicer.*

L'Aar, Riviere qui sépare la haute & la basse Allemagne, & qui se perd dans le Rhein au dessous de Zinzic, & au dessus de Lints. *Obringa*, ou *Ara.*

L'Aar, Riviere d'Allemagne dans la Suisse, qui se décharge dans le Rhein. *Arola* ou *Arula.*

A B

L'Ababa, Riviere de Gréce, dans la Thessalie. *Peneus.*

Abbeville, Ville de Picardie, dans le Ponthieu, sur la Somme. *Abbatis Villa.*

Abecour, Abbaiie de l'Isle de France, dans le Pincerais, près de Saint Germain-en-Laie. *Alba Curia.*

Abella Vecchia, Ville d'Italie dans la Campagne de Rome. *Abella Vetus.*

Abenou, Montagne de Souabe, en Allemagne. *Aunoba*, ou *Abnoba.*

L'Abens, petite Riviere d'Allemagne, en Baviere, qui tombe dans le Danube. *Abusus.*

Abensberg, Ville d'Allemagne en Baviere, sur l'Abens. *Abusina Vindelicorum*, ou *Aventinium*.

Aberconwei, Ville d'Angleterre, dans la Principauté de Galles, à l'embouchure de Conwei. *Conovium Novum*.

Aberdon, Ville de la Grande Bretagne, en Ecosse, à l'embouchure du Don. *Devana*.

Aberfraw, petit Bourg de l'Isle d'Anglesei. *Gudivia*.

Abergawen, ou Abergenni, Ville d'Angleterre, dans le canton de Monmouth. *Gobanium Silurum*.

Abouillona, Village de la Natolie propre, restes d'une ancienne Ville dans une Isle & dans un Lac de même nom, proche du Mont Olimpe, à quelques journées de Pruse, sur le chemin de Smirne. *Apollonia Bithyna Vetus*.

Acerenza ou Cirenza, Capitale du Basilicat, en Italie. *Acherontia nova Peucetiorum*.

Aci, Village ou Terre du païis de Caux. *Alceium*.

Acqui, Ville d'Italie, dans le Montferrat, sur le Bormio. *Aquæ Statiellæ*.

Acqs, Ville de Gascogne, dans les Landes de Chalosse, sur le Midour. *Aquæ Tarbellicæ*, ou *Aquæ Augustæ Tarbellorum*.

Acre, Ville maritime de la Turquie Asiatique, dans la Sourie. *Ace* ou *Ptolemais*.

Aden, Ville de la Turquie Asiatique, dans l'Yémen. *Arabia Felix*, ou *Portus Romanus Arabum*.

Adiazzo, Ville de Corse, Isle d'Europe, dans la Méditerranée, à l'Ouest de l'Italie. *Urcinium*.

L'Adige, Riviére d'Italie, dans l'Etat de Venise, qui tombe dans le Golfe de ce nom. *Athesis*.

L'Adour, petite Riviére de France, en Gascogne, qui tombe dans l'Océan. *Atur*.

Adra, ville maritime du Roiiaume de Grenade, en Espagne, dans le canton de Los Alpuxaras. *Abdera Bastulorum*.

Afrique, Ville d'Afrique, en Barbarie, dans le Roiiaume de Tunis. *Thapsus*.

Les Afoliati, deux petits Ports de la Turquie Européane, dans la Romanie, sur la Mer Noire. *Aphrodisium*.

Agde, Ville maritime de France, dans le Languedoc. *Agatha Massiliensium in Tectosagibus*.

Agen, Ville de France, Capitale de l'Agénois, dans la Guienne, peu loin de la Garonne. *Aginnum Nitiobrigum*, ou *Antobrogum*.

L'Agénois, Province de Guienne, en France. *Nitiobriges Ripenses*, ou *Antobroges*.

Agii-Déca, ou le Village des dix Saints, dans l'Isle de Candie, à deux portées de mousquet des ruines de Gortine. *Alone*.

L'Agno, petite Riviére d'Italie, dans la campagne de Rome. *Clanius*, autrement *Glanis*, ou *Liternum*.

Agosta, Ville ruinée en Sicile, sur la côte Orientale du Val de Noto. *Augusta Leontinorum.*

L'Agout, petite Riviére de Languedoc, qui passe à Lavaur, & tombe dans le Tarn. *Agotus.*

Agra, Roïiaume d'Asie, dans l'Inde occidentale. *Agaria.*

Agra, Capitale du Roïiaume de même nom en Asie, dans l'Inde occidentale. *Agara.*

Agréda, Ville d'Espagne, dans la Castille septentrionale, sur les frontiéres de l'Aragon. *Graccuris*, ou *Illurcis Vasconum.*

Agria, Ville de la Turquie Européane dans la Hongrie. *Trissum*, ou *Iazygum Metanastarum.*

L'Ahuaca. *Voiez*, le Méxique méridional.

Ahun, petite Ville de France, dans la Marche, sur la Creuse. *Agedunum.*

L'Aiala. *Voiez*, le Sagari.

Aiasalouc, petite Ville ou Village de la Natolie occidentale, sur les côtes de l'Archipel, proche le Caïstre. *Ephesus Ortygia.*

Aigremont, Village de Bourgogne, dans le Portois. *Acer Mons.*

Aigues-Mortes, Ville du Languedoc, proche l'embouchure la plus occidentale du Rhône, à une demie lieue de la Mer. *Aqua Mortua.*

Aigues-Parse, Village de Périgord, dans le Salardois, proche Biron. *Aqua Sparsa Petrocoriorum.*

Aigue-Perse, en Auvergne. *Aqua Sparsa Arvernorum.*

Aiguillon, Ville de France, dans l'Agénois, au confluent de la Garonne & du Lot. *Fines inferiores Nitiobrigum*, ou *Acilio*, ou *Aquino.*

Aimargues, Ville de Languedoc, au Diocése de Nîmes, dans les Marais. *Armasanica.*

Ainai, place & quartier de la Ville de Lion, proche du confluent du Rhône, & de la Sône. *Atanacum.*

L'Aindre, Isle de la Loire, peu loin de Nantes. *Antros.*

L'Aîne, Riviere de l'Isle de France, qui tombe dans l'Oise, au dessous de Compiégne. *Axona.*

L'Ains, Riviére de Bresse. *Indis*, ou plutôt *Amnis.*

L'Air, petite Riviere, qui coule dans le Barois, & dans le Verdunois, & passe à Pierrefitte.

Airan, Village de Normandie, dans la campagne de Caen septentrionale. *Heidra Cadetum.*

Aire, Ville d'Artois, sur la Lis, au confluent de la Laquette. *Aeria*, ou *Aria.*

Aire, Ville de France, en Gascogne, dans la Chalosse, sur l'Adour. *Vicus Julius Aturum.*

L'Airou. *Voiez*, l'Eraut.

Aischtet, Ville d'Allemagne, dans la Franconie. *Ala Narisca*, ou *Dryopolis.*

Aix, Ville de France, Capitale de la Provence, sur l'Arc. *Aquæ Sextiæ Saluviorum.*

Aix, Lieu de France, dans le Dauphiné, auprès de Die. *Aquæ Vocontiorum.*

Aix-la-Chapelle, Ville de la basse Allemagne, au paiis de Juliers. *Aquæ Grani in Tungris.*

Les Aix Damgilon, gros Bourg de Berri, entre Bourges & Sancerre. *Firmitas Dominii Gilonis.*

Akhissar, Ville de la Turquie Asiatique, en la Natolie, dans l'Aidin-Illi. *Thyatira.*

L'Aladuli, Province de la Turquie Asiatique, dans la Natolie. *Armenia Minor.*

Alais, Ville de France, en Languedoc. *Alestum,* ou *Alesia Nova Mandubiorum.*

Alamon, lieu presque détruit, aux environs de Ventavon, dans le Dauphiné. *Alamons.*

Alanches, Ville de l'Auvergne méridionale. *Alantia.*

Alatof, grande chaîne de Montagnes dans la Tartarie, le long de la rive orientale du Jaïc. *Montes Rhamnici,* ou *Rhymnici.*

Alatri, Ville d'Italie, dans la Campagne de Rome. *Alatrium.*

Albarasin, Ville d'Espagne, dans l'Aragon. *Lobetum,* ou *Turia.*

Albane, en Vivarais. *Voiez,* Alps.

L'Albe, ou l'Alve, petite Riviére de la basse Allemagne, qui tombe dans l'Ourt, & celui-ci dans la Meuse. *Alba.*

L'Alve, autre ruisseau du même paiis, qui tombe dans la Moselle après le Léser. *Alba.*

L'Albégna, petite Riviére de Toscane, en Italie. *Albinia.*

Albenge, Ville maritime d'Italie, dans l'Etat de Gènes. *Albium Ingaunum.*

Albi, Ville de France, en Languedoc, Capitale de l'Albigeois. *Albiga Eleutherorum.*

L'Albiamu. *Voiez,* le Gieihoun.

Albiano, petite Ville ou Village d'Allemagne, dans le Tirol, Province d'Autriche. *Appianum.*

L'Albigeois, Paiis de France, en Languedoc. *Aquitani Albigenses,* ou *Eleutheri.*

Albona, Ville d'Italie, dans l'Etat de Gènes. *Alvona.*

Albret, ou Labrit, petite Ville de Gascogne, dans les Landes. *Lepretum,* ou *Leporetum.*

Albs, ou Alps, Village de France, dans le Vivarais, à deux lieues de Viviers. *Alba Augusta Helviorum.*

Albrac, Village du Rouergue, sur les frontiéres de l'Auvergne méridionale, à huit lieues de Saint-Flour. *Ad Silanum.*

Alcacer do Sal, Ville de l'Alentéjo, Province de Portugal, en Espagne. *Salacia Turdetanorum.*

Alcala de Hénarès, Ville d'Espagne, dans la Castille, sur la petite Riviére de Hénarès. *Complutum.*

Alcanis, petite Ville d'Espagne, dans l'Aragon, sur la Guadalope. *Leonica.*

Alcannis, Ville ou Village d'Espagne, en Castille. *Ergavica Celtiberorum.*

Alcantara, Ville d'Espagne,

dans l'Estrémadoure. *Norba Cæsarea*, ou *Colonia Norbensis.*

Alcette, petite Ville ou Village de la Palestine, en Sourie, dans la Turquie Asiatique. *Azotus.*

Alcmar, Ville de Hollande, dans les Païis-Bas, en Allemagne. *Almeria.*

Alcorucen, petite Ville ou Village d'Espagne, dans l'Andalousie. *Sacili (is).*

Aldéa el Muro, Village de Castille, aux frontiéres d'Aragon, près d'Agréda. *Augustobrica*, ou *Augustobriga Pelendonum.*

L'Ale, ruisseau du Lanois, qui tombe dans l'Oise, proche de la Fere. *Alea.*

Alençon, Ville de France, en Normandie, sur la Sarte. *Alentio Sagiorum.*

L'Alentéjo, ou entre Téjo & Guadiana, Province de Portugal, en Espagne. *Interamnium Celticorum.*

Alep, Ville de la Turquie Asiatique, dans la Sourie. *Beroe*, ou *Berrocha*, autrement *Hieropolis Syria.*

Alessio, Ville de la Turquie Européane, dans l'Albanie. *Lissus.*

Alet, Ville de France dans le Rasès. *Alecta Reddensium.*

Alexandrie, Ville d'Afrique, dans l'Egypte. *Alexandria Ægyptia.*

Alexandrie de la Paille, Ville d'Italie, dans le Milanès, sur le Tanaro. *Alexandria Statiellorum.*

Alfen, Village de Hollande. *Albiniana.*

L'Alféo, petite Riviére de Sicile, dans la Vallée de Noto, qui tombe dans la mer à l'Ouest de l'ancienne Ville de Siracuse. *Anapus.*

Alfidéna, Ville d'Italie, dans l'Abruzze, sur le Sangro. *Aufidena.*

Les Algarves, Province du Portugal, en Espagne, vers l'embouchure de la mer Méditerranée. *Cuneus*, ou *Cynetes.*

Alger, Capitale du Roïiaume de même nom, en Afrique, sur les côtes de Barbarie. *Rusucurum.*

L'Algerbe, petite Riviére d'Espagne dans la Castille. *Adaia.*

Alicante, Ville d'Espagne, dans le Roïiaume de Valence. *Lucentia*, ou *Lucentum Contestanorum.*

Alicata, Ville maritime de Sicile, dans le Val de Noto. *Gela.*

Alise, Village de France, en Auxois, dans le Duché de Bourgogne, entre Semur & Saint Seine. *Alesia*, ou *Alexia Mandubiorum.*

L'Alli, petite Riviére de la Turquie Européane, dans la Natolie, qui tombe dans la mer Noire. *Halis.*

L'Allier, Riviére de France, que la Loire reçoit dans le Nivernois. *Elaver (hoc).*

Alluie, Ville de l'Orléanois, sur la Loire. *Avallocium.*

L'Alm, petite Riviére d'Allemagne, coulant dans la Lippe. *Aliso*, ou *Alma.*

Almaçaran, Village d'Espagne, sur le Golfe de Cartagene. *Murgi*, ou *Vrci*, ou *Vrgi*, ou *Virgi.*

Almenêches, Bourg de Normandie, dans le Houlme. *Almanisca.* Il y a aussi une Abbaiie de ce nom, au Diocése de Sées.

Alméria, Ville d'Espagne dans le Roiiaume de Grenade *Murgis Turdulorum Bæticorum.*

Almudérar, petite Ville ou Village d'Espagne, dans l'Aragon. *Burtina Ilergetum.*

L'Almul, Riviére d'Allemagne, qui se vuide dans le Danube, auprès de Kelheim. *Alemanus.*

Almuneçar, Ville d'Espagne, en Grenade. *Sexti Firmum.*

L'Alne, petite Riviére d'Angleterre, dans le Northumberland. *Alaunus.*

Les Alpes, Montagnes d'Europe, entre la France, l'Allemagne, & l'Italie. *Alpes.*

Les Alpes, entre la Carinthie en Allemagne, & le Frioul, en Italie. *Alpes Carnicæ.*

Les Alpes, entre le Dauphiné en France, & le Piémont en Italie. *Alpes Cottiæ*, ou *Cottianæ.*

Les Alpes, entre la Savoie & le Piémont. *Alpes Graiæ*, ou *Graius mons.*

Les Alpes, entre la Carniole & l'Istrie. *Alpes Juliæ*, ou *Pannonicæ.*

Les Alpes, dans la Suisse. *Alpes Lepontiæ.*

Les Alpes, entre la Provence en France, & l'Etat de Gènes en Italie. *Alpes Maritimæ.*

Les Alpes, entre la Baviére, le Tirol, & la Carinthie, Provinces d'Allemagne. *Alpes Noricæ*, ou *Mons Taurus.*

Les Alpes, entre le Valais, paiis de la Suisse en Allemagne, & le Milanès en Italie. *Alpes Peninæ.*

Les Alpes du Tirol, partie de l'Autriche, en Allemagne. *Alpes Rhæticæ.*

Les Alpes, sur les confins du Milanès, en Italie. *Alpes Summæ*, ou *Mons Adulas.*

Les Alpes, dans la partie méridionale du Tirol, Province d'Autriche, en Allemagne. *Alpes Tridentinæ.*

Alps. *Voiez*, Albs.

L'Alsace, Province de France. *Elisatia*, *Elisata*, *Elisasa*, *Alsatia.*

L'Alsace septentrionale. *Mediomatrices Tribocchi*, ou *Alsatia Mediomatricum.*

L'Alsace du milieu, & l'Alsace méridionale, ou le Suntgau. *Alsatia Rauracorum.*

L'Alsace méridionale. *Voiez*, le Suntgau.

L'Alsat, ou l'Alsits, petite Riviére de Lorraine qui tombe dans le Saur. *Alisontia.*

L'Alt, ou l'Olt, petite Riviére, de la Turquie Européane, qui tombe dans le Danube, en Valaquie, entre Squelle & Coulé. *Aluta.*

Altembourg. *voiez*, Ouvar.

Altrip, petite Ville du Palatinat, dans la haute Allemagne, *Altaripa.*

Alzira, petite Ville d'Espagne. *Sucro.*

Aman, Ville de la Turquie Asiatique, dans la Sourie. *Apamia.*

Amance, Château de Lorraine, dans le Chaumontois, entre la Meurte, & la Seille. *Ementia*, ou *Esmantia*.

Amantia, ou Mantia, Ville maritime d'Italie, dans la Calabre, peu loin de Cossenza. *Clampetia*, ou *Lampetia Bruttiorum*.

Amasie, Ville de la Province de même nom, dans la Natolie. *Amasia*.

L'Amasie, ou le Rum, Province de la Natolie, dans la Turquie Asiatique. *Amasia*.

Amastro, méchant Village de la Turquie Asiatique, bâti sur les ruines d'une ancienne Ville, aux côtes septentrionales de la Natolie. *Amastris*.

L'Amasse, petite Riviére, qui tombe dans la Loire, à Amboise. *Ambacia*, ou *Amatissa*.

L'Amber, petite Riviére de Baviére en Allemagne, qui tombe dans l'Iser. *Amber*, *Ambra*, ou *Ambro*.

Amberg, Ville du Palatinat, dans le Nordgau, sur la Riviére de Vils. *Cantiebis Armalausorum*.

Ambli, en Lorraine, sur le Bar, qui se rend dans la Meuse. *Amblidum*.

Amboise, Ville de France, dans la Touraine, sur la Loire. *Ambacia*, ou *Ambasia*.

Ambrakia, Village de la Turquie Européane, dans l'Albanie, sur le Golfe de Larta. *Ambracia*.

Ambronai, Ville de Bresse, dans le Bugei, à deux mille pas de l'Ains. *Ambroniacum*.

Amélia, Ville d'Italie, dans l'Ombrie. *Améria*.

Amersford, Ville de la Province d'Utrecht, sur la Riviére d'Eem. *Ami-Vadum*.

Amiens, Ville de France, Capitale de Picardie, sur la Somme. *Samarobriva Ambianorum*.

Amilli, Village de Brie. *Ameliacum*.

Amoné, ou Armoné, petite Riviére d'Italie, dans le Bolonois. *Anemo*.

L'Ampourdan, Canton d'Espagne, dans la Catalogne septentrionale. *Emporitanus Tractus*.

Ampurias, Ville maritime d'Espagne, dans la Catalogne. *Emporia*.

Amsterdam, Ville de la basse Allemagne, Capitale de la Hollande. *Moles Amstelia*, ou *Amstelodamum*.

Anagni, Ville d'Italie, dans la Campagne de Rome. *Anagnia*.

Anarghie, Ville de la Turquie Asiatique, dans la Circassie. *Heraclea Comana*.

L'Anaplia, petite Riviére de la Natolie, qui tombe dans la Mer Noire à l'Ouest de Pendérachi. *Hypius*.

Anætoa. *Voiez*, Alatof.

Ancenis, Ville de Bretagne, dans le païis Nantois. *Andenesium Samnitarum*.

Ancône, Capitale de la Marche de même nom, en Italie, sur le Golfe de Venise.

*Picena*, autrement *Ancona*, ou *Ancon*.

Ancône, Bourg du Dauphiné, ſur le Rhône, entre Orange & Valence. *Acelſio*, ou *Acunum Segalaunorum*.

Ancre, petite Ville de Picardie. *Ancora*.

L'Andalouſie, Province d'Eſpagne. *Vandalitia*.

Andainville, Village de France, en Picardie, dans le Vimeu. *Andani Villa*.

Andeli, Ville de Normandie, dans le Vexin, ſur la Seine. *Andelaüs*, ou *Andegalus Velocaſſium*.

Andelot, Bourg de France, en Champagne, dans le Baſſigni, ſur le Rougnon. *Andelaüs Lingonum*.

Andéra, Village d'Egypte, en deſcendant le Nil de Gorne, vers le Caire. *Tentyris*.

Andernach, petite Ville de la haute Allemagne, dans le païs de Cologne, ſur le Rhein même. *Antunnacum*, ou *Antonnacum Treverorum*.

Andilli, Village de Lorraine, dans le Toulois. *Andilleriæ*.

Andilli, Village de l'Iſle de France, à quelques lieues de Paris. *Andeliacum*.

Andrinople, Ville de la Turquie Européane, dans la Romanie. *Hadrianopolis*, autrement *Oreſta*, ou *Vſcudama Odryſiorum*.

Andro, Iſle de l'Archipel de la Mediterranée, de près de quarante lieues de circuit, à une petite demie lieue de Tine, à trois & demie de Cariſto, à ſix de Joura, & à treize de Zia. *Andros*, ou *Antandros*.

Anegrai, Monaſtére de France, au Comté de Bourgogne, dans les Monts de Vôge, à quelques lieues de Luxeuil. *Anagrata*.

Le vieux Annecy, reſtes d'une ancienne Ville de Savoie, dans le Génevois, ſur la Sier. *Anniſiacum Vetus*.

Annecy, Ville de Savoie, dans le Génevois, ſur le Tion, au bord d'un Lac de ſon nom. *Noviomagus Allobrogum*, ou *Anniſiacum Novum*.

Angers, Ville de France, Capitale de l'Anjou, ſur la Maine. *Juliomagus Andegavorum*.

Anghiéra. *Voiez*, Gherra.

Angleſci, petite Iſle Britannique, entre la grande & la petite Bretagne. *Mona Auſtrina*, ou *Mona Taciti*.

Angoulême, Ville de France, Capitale de l'Angoumois, proche la Charente. *Iculiſma Ageſinatum*.

L'Angoumois, Province de France. *Cambolectri Ageſinates*, ou *Fictones Ageſinates*.

Angori, Angora, ou Engour, Ville de la Turquie Aſiatique, dans la Natolie propre. *Ancyra*, ou *Antoniniana*.

L'Anguillare, ou l'Anguillade, la plus grande des deux Iſles qui ſont vis-à-vis des bouches du Rhône. *Metina*.

L'Anjou, Province de France. *Andegavi*, *Andes*, ou *Andi*.

Anſe, petite Ville de France, dans le Lionnois, proche de la Sône. *Antium Seguſianorum*.

Ansauville, Village de Lorraine, dans le païis de Carme. *Ausiaca Villa.*

Ansédonia, Ville maritime d'Italie, dans la Toscane. *Cosa.*

Antékié, petite Ville ou Village de la Turquie Asiatique, dans la Sourie. *Antiochia Syriæ*, ou *Epidaphnes.*

Antelu, Village du Chaumontois, en Lorraine. *Antelucum.*

Antéquéra, Ville d'Espagne, dans le Roïiaume de Grenade. *Antiquaria*, ou *Singilis.*

Antibe, Ville maritime de France, dans la Provence. *Antipolis.*

Les Antilles, plusieurs Isles de l'Amérique, répandues dans le Golfe ou l'Archipel du Méxique. *Pronesi.*

Les Antilles Lucaies, proche la Floride, à l'entrée de l'Archipel du Méxique. *Pronesi Lucaiæ.*

Les Antilles Méxicanes, plusieurs Isles qui s'avancent à l'Ouest vers le Méxique. *Pronesi Mexicanæ.*

Les Antilles Caraïbes, plusieurs Isles de l'Archipel du Méxique, qui approchent le plus de l'Amérique Méridionale. *Pronesi Caraïbanæ.*

Antiparos, Isle, ou plutôt Ecueil de l'Archipel, dans la Méditerranée. *Oliaros*, autrement, *Olearos*, ou *Antiparos.*

Antragues, ou Entraigues, Village de l'Auvergne méridionale. *Interaquium Arvernorum.*

Anvers, Ville du Brabant, sur l'Escaut. *Andoverpa.*

Aochora, Ville, ou Village d'Afrique, en Barbarie. *Cartenna.*

Aost, Village de Dauphiné, dans le Valentinois, proche de Crest, sur la Drôme. *Augusta Segalaunorum.*

Aouste, ou Aoste, Village de France en Dauphiné, aux confins de la Savoie, sur la Biévre. *Augustum.*

Aoste, Village du Dauphiné, entre Valence & Die. *Augustum.*

Aouste, Ville d'Italie, dans le Piémont, sur la Doria. *Augusta Prætoria Salassorum.*

Aouse, Village de Lorraine, dans le Soulossois. *Aquosa.*

Applébi, Ville, ou Village d'Angleterre, dans le Northumberland. *Aballaba.*

Appenzel, Ville de Suisse, Capitale du Canton de son nom. *Abbatis Cella.*

Apt, Ville de France, en Provence. *Apta Julia Vulgientium.*

L'Arabie Pierreuse, Province d'Arabie, dans la Turquie Asiatique. *Nabathea.*

L'Arais, ou l'Aras, Riviére qui tombe dans le Cur, entre la Géorgie & la Perse. *Araxes.*

Arras, Ville de la basse Allemagne, Capitale de l'Artois. *Trajectus Atrebatum.*

L'Arasch, ou la Sultanie d'Arasch, en Perse, dans le Guilan. *Caspii*, *Gelæ*, ou *Cadusii.*

Le vieux Arras. *Origiacum Atrebatum.*

La Ville neuve d'Arras. *Nobiliacum Atrebatum.*

Arbois, Bourg de la Bourgogne orientale. *Arbosium.*

Arbon, Ville d'Allemagne, en Suisse. *Arbor Felix.*

Arbourg ou Horbourg, Bourgade d'Alsace. *Argentovaria, Argentuaria*, ou *Argentaria Rauracorum.*

L'Arc, petite Riviére de France, en Provence, qui passe à Aix, & tombe dans le Golfe de Martégue à Berre. *Cœnus.*

Arcadi, restes d'une ancienne Ville de l'Isle de Candie, dans l'Archipel de la Méditerranée. *Arcadia Cretica.*

Arcadia, petite Ville de la Turquie Européane, dans la Morée, sur la côte de Belvedére. *Cyparissa.*

Archelle, petit Village de Normandie, dans le paiis de Caux, qui n'est séparé d'Arques que par un pont. *Arcellæ.*

Arches, sur les confins de Champagne, dans le Retelois, sur la Meuse. *Voiez*, Charleville.

Arches, Bourg ou petite Ville du Chaumontois, en Lorraine, dans le territoire de Châtel-la-Vaux, sur la Moselle. *Arcæ Castrenses.*

L'Arche, Riviére de Savoie, dans la Maurienne, qui prend sa source dans le Mont Cénis. *Arbor.*

L'Archipel de la Méditerranée. *Ægeum.*

Arcueil, Village de l'Isle de France, proche de Paris. *Arcus Juliani.*

Arcz, Village de Lorraine, dans le paiis Messin. *Arcæ Mediomatricæ.*

Ardachat, Ville sur l'Aras, aux confins de la Géorgie, & de la Perse : Ruines d'une ancienne Ville d'Armenie, *Artaxata*, ou *Neronia.*

Ardona, petite Ville d'Italie, dans le Capitanat ou dans le Basilicat. *Ardonea.*

Ardonia, petite Ville ou Village d'Italie, dans le Principat. *Herdonia Hirpinorum.*

Ardres, petite Ville de Picardie, à quatre lieues de Calais. *Arda*, ou *Ardea Morinorum.*

Aréessa, Marais de la Turquie Asiatique, dans la grande Armenie. *Arethusa*, ou *Arsene.*

Aremuzze, Village d'Italie, dans le Patrimoine, près de Civita Castellana. *Ara Muciæ.*

Las Aréas Gordas, Montagnes d'Espagne, entre le Guadalquivir & le Tinto. *Areæ Montes*, ou *Montes Mariani.*

Les Arênes, Place proche de Nîmes. *Castrum Arenarum.*

Arezzo, Ville d'Italie, dans la Toscane. *Arretium.*

L'Ariége, petite Riviére de France, dans le Languedoc, qui tombe dans la Garonne entre Muret & Toulouse, *Areia* ou *Aregia.*

L'Arga, petite Riviére d'Espagne, dans la Navarre, qui joint l'Aragon, & se décharge dans l'Ebre. *Aragus.*

Argence, Terre du Languedoc le long du Rhône. *Argentia.*

Argens, petite Riviére de

France, en Provence, qui entre dans la Méditerranée proche Fréjus. *Argenteus.*

Argentan, Ville de France, en Normandie, Capitale du paiis d'Auge, entre Alençon & Falaise. *Ara Genua.*

L'Argentiere, ou Chimoli, petite Isle de la Méditerranée, dans l'Archipel, au Nord, & proche de Milo. *Cimolus*, ou *Echinusa.*

Argentina, petite Ville, ou Village d'Italie, dans la Calabre. *Argentanum.*

Argenton, petite Ville du Berri, sur la Creuse. *Arganto Magus Cuborum.*

Argenton-l'Eglise, Argenton-le-Château, Argenton-la-Ville. Ces trois endroits sont dans le Poitou septentrional, aux confins de l'Anjou. Le premier est sur la petite Riviére d'Argenton. *Argantomagus Pictonum.*

L'Arguenon, petite Riviére de France, dans la Bretagne, où elle tombe dans la Manche à trois lieues de S. Malo. Elle passe à Jugnon. *Argenus.*

Argues, Village du paiis de Caux, en Normandie, sur une petite Riviére de même nom, proche de Dieppe. *Arca Caletorum.*

L'Arlanza, petite Riviére d'Espagne, dans la Castille, qui joint l'Arlançon, & tombe dans la Pisuerga. *Areva.*

Arles, Ville de France, dans la Provence, sur le Rhône. *Arelate Salyum*, ou *Anatiliorum.* On dit aussi, *Arelata*, & *Arelatum.*

Arles, Ville du Roussillon, sur le Tec. *Arula Sardonum.*

Arles, Village du Val-de-Spir, dans le Roussillon. *Arulæ.*

Arlon, Bourgade du Luxembourg. *Orolaunum*, *Arlaunum*, ou *Arlon.*

Armach, Ville d'Irlande, une des grandes Isles Britanniques. *Regia.*

L'Armagnac, paiis de France, dans la Gascogne. *Auscii*, ensuite *Harmannaci.*

L'Armanson, petite Riviére de France, qui prend sa source en Bourgogne sur les confins de l'Autunois, passe à Semur en Auxois & à Tonnerre, & s'embouche dans le Louain en Champagne, au dessus de Joigni. *Hormensio.*

Armené. *Voiez*, Amoné.

Arnhem, gros Bourg, ou petite Ville de la basse Allemagne septentrionale de la Gueldre. *Arnoldi Villa.*

L'Aroce, petite Riviére d'Italie, dans le Mont-Ferrat. *Merula.*

L'Aronde, Riviére du Beauvoisis, qui tombe dans l'Oise à Compiégne. *Arona.*

L'Arou, ou l'Arrou, petite Riviére de Bourgogne, qui passe à Autun. *Isrus*, *Hesrus*, *Adrus*, ou *Arotius.*

Arpé, Village d'Italie, dans le Capitanat, ruines d'une ancienne Ville. *Arpi*, autrement *Argos Hippium*, *Argippa*, ou *Argyripe.*

Art, Village de Lorraine, dans le Chaumontois, proche de la Meurte. *Arcæ Calvomontenses.*

Arta, Ville de la Turquie Européane, dans l'Albanie méridionale. *Elatria.*

L'Artois, Province d'Allemagne, dans les Paiis-Bas, sur la frontiére de France. *Atrebates.*

L'Asaro, Canton de Sicile, avec titre de Comté, dans le Val de Noto, entre la Gurgalonga & le Dittaino. *Assorini.*

Asaro, petite Ville de Sicile, dans le Val de Noto. *Assorum.*

Arzille, Ville d'Afrique, en Barbarie, dans le Roiiaume de Fès. *Zilia.*

Ascoli, Ville d'Italie, dans la Marche d'Ancône, sur les frontieres de l'Abruzze. *Asculum Picenum.*

Askem, ou Askem Calési, Ville du Mentes-Illi, dans la Natolie, Province de la Turquie Asiatique. *Jasus.*

Asna, Ville d'Egypte, sur le Nil. *Syene.*

Asperen, Ville d'Allemagne, dans les Paiis-Bas, entre le Lek & le Vahal. *Caspingium Batavorum.*

Aspra, Village d'Italie, dans la Sabine. *Casperia*, ou *Casperula Sabinorum.*

L'Assi, petite Riviére de la Turquie Asiatique, dans la Sourie. *Orontes.*

Assise, Ville d'Italie, dans l'Ombrie. *Asisium.*

Assum, Ville de la Turquie Asiatique, dans la Natolie. *Assos.*

Astines, ou Sétines, Ville de la Turquie Européane, Capitale de la Livadie. *Athenæ.*

Astorga, Ville d'Espagne, dans le Roiiaume de Léon, sur la Juerta. *Asturica*, ou *Colonia Asturica Augusta*, ou *Rama.*

Astracan, Roiiaume de la grande Russie. *Asturcani.*

Astracan, Ville Capitale du Roiiaume de même nom, dans la grande Russie. *Asturcanum.*

Les Asturies, Province d'Espagne. *Astures Transmontani.*

Aténo, Ville d'Italie, dans le Basilicat, ou dans le Principat. *Atinum.*

Atigni, Village du Rételois, sur l'Aîne. *Attiniacum Remorum.*

Athies, Bourg de France, dans le Vermandois, sur le Daumignon. *Ateiæ Veromanduorum.*

Attoc, Roiiaume de l'Inde Occidentale. *Taxilia.*

Attoc, Ville Capitale du Roiiaume de même nom, dans l'Inde Occidentale. *Taxila.*

Ava, Capitale du Roiiaume de même nom, dans l'Inde Orientale. *Arisabium.*

L'Ava. *Voiez*, le Sagari.

Avalon, Ville de l'Auxois, dans la Bourgogne occidentale, sur le Cousin. *Aballo*, ou *Avallo.*

Avançon, Bourgade de France, dans le Dauphiné, entre Gap & Embrun. *Avanticorum Opidum.*

L'Avangarde, Village, ou Seigneurie de Lorraine, dans le Scarponois, proche de Pompei, & peu loin de la Moselle. *Præcustodia.*

Aubenas, Ville du Languedoc,

dans le Vivarais, sur l'Ardêche. *Albinatium.*

Aubenton, petite Ville de Tiérache, en Picardie, *Albantonium*, ou *Alba Antonia.*

Aubierre, Village d'Auvergne, aux environs de Clermont. *Alberia.*

Aubusson, Ville de la Marche, sur la Creuse. *Albucum*, ou *Albucium.*

Auch, Ville de France, en Gascogne, dans l'Armagnac, sur le Giers. *Augusta Ausciorum.*

L'Aude, petite Riviére de France, en Languedoc, qui tombe dans la Méditerranée. *Atax.*

L'Audet, petite Riviére de basse Bretagne, qui passe à Quimpercorentin, & dont l'embouchure s'appelle Pen-Audet, ou Ben-Audet. *Odera*, ou *Audetus.*

Audimo, petite Ville de l'Isle de Cypre, dans la méditerranée, vers la côte occidentale. *Curias.*

Aveiro, Ville d'Espagne, en Portugal, sur les côtes du Beira. *Talabrica nova.*

L'Aveiron, ou l'Aveirou, petite Riviére de France, dans la Guienne, qui tombe dans le Tarn. *Avario.*

L'Aveline, Village de Lorraine, dans le Chaumontois, sur la Vologne. *Aquilina.*

Avellino, Ville d'Italie, dans le Principat, entre Benevent, & Salerne. *Abellinum.*

Avenches, Ville d'Allemagne, en Suisse, *Aventicum novum Helvetiorum.* Au Paiis de Vaud.

Avênes, petite Ville du Hainaut méridional, sur la Hêpres. *Avesna.*

L'Avenzo, petite Riviére d'Italie, dans la Toscane. *Aventia.*

Le Paiis d'Auge, canton de Normandie, entre la campagne de Caen, & le Lieuvin. *Algia*, ou *Lexovii Pratenses.*

Augst, petit Village d'Allemagne, dans la Suisse, à la courbure du Rhein, & à cinq lieues de Bâle. *Augusta Rauracorum.*

Augt, Village de France, en Picardie, dans le Vimeu. *Augusta Ambianorum.* Autrement Aoute, à deux petites lieues de la Ville d'Eu.

Avignon, Ville de France, Capitale du Comtat de même nom en Provence. *Avenio Cavarum.* Sur le Rhône, au confluent de la Sorgue.

Avila, Ville d'Espagne, dans la Castille. *Abula*, ou *Arbacala.*

Ausonville, Village de Bourgogne, dans le Portois. *Offonis Villa Portensis.*

Auléssa, Ville d'Espagne, dans la Catalogne. *Rubricatum Laletanorum.*

Aumale, Village de Normandie, dans le Paiis de Caux. *Alba Marla.*

Aunai, Village ou petite Ville de Normandie, dans le Bessin, à la source de l'Odon. *Alnetum Tiducassium.*

Aunai, dans le Paiis d'Aunis. *Avedonacum.*

L'Aunis, Paiis de Saintonge.

*Santones Avedonacenses*, ou *Pagus Avedonacensis*.

Aunoi, petit canton de l'Isle de France, aux environs de Livri, de Bois le Vicomte & de Claie. *Alnetum Parisiorum*.

Aunois, Village de Lorraine, dans la Voide. *Alnetum Bedense*.

Aunoux, Village du Val de Saint Dié, en Lorraine. *Onoldium*.

L'Avon, petite Riviére d'Angleterre, dans l'Ouessex, qui se décharge dans l'Océan, à l'embouchure de la Saverne. *Ausona*, ou *Auvona major*.

L'Avon, petite Riviére d'Angleterre, dans la Mercie, qui entre dans la Saverne. *Ausona*, ou *Auvona minor*.

Aurach, petite Ville d'Allemagne, dans la Baviére ou dans la Souabe. *Ara Flavia*.

Avranches, Ville de France, Capitale de l'Avranchin, en Normandie. *Abrinca*.

L'Avranchin, Paiis de la Normandie, en France. *Abrincates*, ou *Ambibari*.

L'Aure, petite Riviére, entre la Normandie, & le Perche, qui se jette dansl'Eure. *Arva*.

L'Aure, petite Riviére de France, en Normandie, dans le Bessin. *Arvula*, ou *Aurea*.

L'Aurette, petite Riviére du Berri, qui joint l'Ieure, dans la Ville de Bourges. *Avara minor*, *Avarula*.

L'Auribat, canton de Gascogne, dans la Chalosse. *Aturiripenses*.

Aurillac, Ville d'Auvergne. *Aureliacus*.

L'Auron, Riviére du Berri, qui joint l'Ieure, à Bourges. *Utrio*.

Ausbourg, Capitale de la Souabe, en Allemagne. *Augusta Vindelicorum*, ou *Rætorum*, ou *Licatium*.

Auteuil, Village de l'Isle de France, sur la Seine, une lieue au dessous de Paris. *Altogilum Parisiorum*.

L'Autise, Riviére du Poitou, occidental. *Altisia*.

Autrai, Abbaiie de Lorraine, dans le Chaumontois, sur la Mortagne. *Alteriacum*, ou *Altreium*.

Autrei, Village de Lorraine, dans le Saintois, sur le Madon. *Alterium*.

Autri, lieu ou Village, proche Auxerre, en Bourgogne. *Altricum*, ou *Altriacum*.

Autri, sur Aine. *Altriacum ad Axonam*.

L'Autriche, Etats d'Allemagne. *Noricum Ripense*.

L'Autriche propre, ou l'Archiduché d'Autriche, Province des Etats d'Autriche, en Allemagne. *Pannonia Superior*.

L'Autone, Riviére. *Voiez*, l'Otone.

Autun, Ville de France, dans le Duché de Bourgogne, sur l'Arroux. *Augustodunum* ou *Flavia Æduorum*.

L'Auve, petite Riviére, qui tombe dans l'Aîne à Sainte Menehou, dans l'Argone. *Alba*, ou *Albia*.

L'Auvergne, Province de France. *Arverni*.

Auvers, Village du Véxin-François, sur l'Oise, au-dessous

dessous de l'Isle-Adam. *Alverni Velocassium.*

Auxerre, Ville de France, dans le Duché de Bourgogne, Capitale de l'Auxerrois, sur l'Ione. *Autessiodurum*, ou *Autissiodorum Senonum.*

L'Auxerrois, Canton de la Bourgogne Occidentale. *Senones Autissiodorenses.*

Azelbourg, Bourg d'Allemagne, en Baviére. *Augusta Acilia.*

Azof, Ville de la Turquie Européane, dans la petite Tartarie, à l'embouchure du Don. *Tanais.*

Azolo, petite Ville d'Italie, dans l'Etat de Venise. *Acelum.*

# B.

BAALBEC, Ville de la Turquie Asiatique, dans la Sourie, près des sources de l'Assi, à six lieues de Zebdani, & à douze de Damas. *Heliopolis Syriæ*, ou *Heliopolis Libanesia.*

Babelmandel, Isle d'Asie, à l'entrée de la Mer Rouge. *Dere.*

Babenhausen, Ville d'Allemagne, dans la Souabe. *Febiana Licatium.*

Bacara, petite Ville de Lorraine, dans le Leuquois, sur la Meurte. *Bacchi Ara.*

Le Bachiglioné, petite Riviére d'Italie, dans l'Etat de Venise. *Medoacus minor.*

Badajos, Ville d'Espagne, dans l'Estrémadoure Orientale. *Badia Nova.*

Badalona, Ville maritime d'Espagne, dans la Catalogne, proche Barcelone, à l'embouchure du Bésos. *Bætulum.*

Baden, Ville d'Allemagne en Suisse, dans l'Ergau, sur le Limat. *Aquæ Helvetiæ.*

Le Badino. *Voiez*, le Baudino.

Badonviler, petite Ville de Lorraine, dans le Leuquois, au Comté de Salm, peu loin de Langstein, entre la Vesouse & la Plaine. *Bodonis Villa.*

Baffo, Ville de Cypre, Isle d'Asie, dans la Méditerranée. *Paphos Nova.*

Bagchsarai, Ville de la Turquie Européane, Capitale de la Crimée, dans la petite Tartarie. *Baccasara*, ou *Assyrani.*

Bagdet, Ville de la Turquie Asiatique, dans l'Iérac. *Alexandria Babylonica*, autrement *Seleucia*, ou *Coche*, ou *Babylon Nova.*

Bagneres, Ville de Bigorre, en Gascogne, dans la Vallée de Campan, sur l'Adour. *Vicus Aquensis Bigerronum.*

Bagneres, Bourg de France, en Cominge, dans la Vallée de Luchon. *Vicus Aquensis Convenarum.*

Bagneux, Village de Lorraine, dans le Toulois. *Balneolum.*

Bagnoles, Village d'Espagne, en Catalogne. *Aquæ Voconiæ Ausetanorum*, ou *Balneola.*

Bagnolet, Village de l'Isle de France, aux environs de Paris, proche Vincennes. *Aquæ Parisiorum*, ou *Balneoletum.*

Bagolo, Ville de la Terre de Labour, à trois mille de Pousoles. *Bauli.*

Baharen, Isle de la Turquie Asiatique, dans le Golfe Persique, proche les côtes d'Arabie. *Tylus.*

Baieux, Ville de France, en Normandie, Capitale du Bessin. *Juliobona Biducassium.*

Bailleul, nom de plusieurs Terres & Villages. *Balliolum.*

Bainville, Village de Lorraine, dans le Saintois. *Babani Villa.*

Baiona, Ville maritime d'Espagne, dans la Galice, vers les frontiéres de Portugal. *Abobrica*, ou *Aobriga.*

Baiône, Ville de France, sur les côtes de Gascogne. *Baiona*, ou *Bahiuna Boatium.*

La Baise, Riviére de France, en Gascogne, qui coule dans l'Armagnac & dans le Condomois, & tombe dans la Garonne. *Balisa.*

Balbastro, Ville d'Espagne, dans l'Aragon, sur la Cinca. *Bargugia Ilergetum.*

Balchusen, Village d'Allemagne, dans le Paiis de Juliers, à une des sources de la petite Riviére de Balch. *Belgica*, ou *Tiberiacum Ubiorum.*

Baldenau, petite Ville, ou Village de la haute Allemagne. *Belginum Treverorum.*

Bâle, Ville d'Allemagne, en Suisse, à la courbure du Rhein. *Basilia Rauracorum.*

Bamberg, Ville d'Allemagne, dans la Franconie, sur le Rednitz. *Bergium.*

Banoncour, Village de Lorraine, dans le Barois, sur la Meuse. *Vanum curtis.*

Ban de Sapt, Village du Chaumontois, en Lorraine. *Septem Abietes.*

Banza, ou San-Salvador, Ville d'Afrique, Capitale du Congo, dans la Guinée. *Soteropolis Æthyopum Hesperiorum.*

Bar-le-Duc, Ville de Lorraine, dans le Barrois, sur l'Ornès. *Barrum Ducis*, ou *Barrum Leucorum.*

Bar-sur-Seine, Ville de Bourgogne. *Barrum Lingonum.*

Le Barrois Bourguignon, ou le Comté de Bar-sur-Seine. *Lingones Barrenses.*

La Barbarie, ou le Paiis des Bieberes, en Afrique. *Barbaria Libyca.*

Barbeau, Village & Abbaiie dans la Brie, à la droite de la Seine, au dessus de Melun. *Sacer portus Senonum.*

Barbentane, Bourg de France, en Provence, à l'embouchure de la Durance. *Bellintio.*

Le Barbysès, petite Riviére de la Turquie Européane, qui vient de Belgrade, & tombe dans le cul-de-sac des eaux douces au coin du Port de Constantinople vers le nord. *Lycus.*

Barca, Roiiaume & Desert d'Afrique, dans le Roiiaume de Tripoli. *Barcai.*

Barca, Ville d'Afrique, en Barbarie, Capitale du Desert de même nom, dans le Roiiaume de Tripoli. *Barca.*

La Barca del Garigliano, en Italie, dans la Terre de Labour, proche l'embouchure de cette Riviére. *Minturna.*

Barcelone, Ville maritime d'Espagne, Capitale de la Catalogne. *Julia Augusta Barcino*, ou *Colonia Faventia*.

Barcélos, petite Ville d'Espagne, dans le Portugal, entre Minho & Douro. *Caliobriga Calerinorum*.

Barcshire, Canton de l'Angleterre, dans les Provinces méridionnales, au sud de la Tamise. *Atrebates Insulares*, ou *Transducti*.

Barège, Village de Bigore, en France, dans la Vallée de son nom. *Aqua Bigerronum*.

Bari, Ville d'Italie, Capitale de la Terre de même nom. *Baris*, ou *Veretum*.

Le Barrois, Paiis de Lorraine, entre les Paiis de Béden, de Blois, d'Ornais, le Pertois, l'Argone, & la Voivre. *Leuci Barrenses*.

Barut, Ville de Phénicie, en Sourie, dans la Turquie Asiatique. *Berytus*, ou *Felix Julia*.

Barville, Village de Lorraine, dans le Soulossois. *Barri Villa*.

Barwic, Ville d'Angleterre, dans le Northumberland. *Borcovicum*.

Basane. *Voiez*, Bisane.

Le Basilicat, Province de l'Italie Méridionale. *Lucania*.

Basoche. *Basilica*.

Basoille, Village de Lorraine, dans le Soulossois. *Basilica Solecensis*.

Bastogne ou Bastoigne, petite Ville dans le Paiis de Luxembourg. *Bastonia*.

Le Basque, Canton de Gascogne. *Tarbelli Vascitani*.

Le Bassigni, Paiis moitié de Lorraine, moitié de Champagne. *Pagus Bassiniacensis*.

Le Bassigni Champenois. *Catalauni Bassiniacenses*.

Le Bassigni Toulois. *Leuci Bassiniacenses*.

Bassora, autrement Balséra, ou Basra, Ville de la Turquie Asiatique, dans l'Arabie deserte. *Teredon*.

Batenbourg, Village d'Allemagne, dans les Paiis-Bas, sur la Meuse. *Opidum Batavorum*, ou *Batavodurus ad Mosam*.

Bath, Ville d'Angleterre, dans le Vestsex. *Aquæ calidæ Belgarum Transductorum*.

Le Battaino, petite Riviére de Sicile. *Chrysa*.

Bavai, petite Ville d'Allemagne, dans les Paiis-Bas. *Bagacum Eburonum*.

Bavai, en Hainaut, petite Ville d'Allemagne, dans les Paiis-Bas. *Bagacum Nerviorum*.

Baubala, ruines d'une ancienne Ville d'Espagne, dans l'Aragon. *Bilbilis*. Montagne presque entourée des eaux du Xalon, à une demie lieue de Calataiud.

Les Baux, Bourg de Provence, proche Saint Remi. *Baltium*.

Le Baudino ou Badino, petite Riviére d'Italie, dans la Campagne de Rome. *Amasenus*.

Baudricourt, Village de Lorraine, dans le Paiis de Mircourt, sur le Madon. *Baldrici Curia*.

Baugenci, Ville de l'Orléanois, ſur la Loire. *Balgentiacum.*

Bavent, en Normandie. *Balduentum.*

Baumètes, Village de Provence, ſur le Calaon, au deſſous d'Apt. *Fines Vulgientium.*

Le Bazadois, Province de France, dans la Guienne. *Vaſates.*

Bazas, Ville de France, Capitale du Bazadois, dans la Guienne. *Coſſio Vaſatum.*

Beaucaire, Ville de Languedoc, ſur le Rhône. *Belliquadrum*, ou *Ugernum.*

Le Beaujolois, Canton du Lionnois. *Seguſiani Bellojocenſes.*

Beaumont, Ville de l'Iſle de France, en Beauvaiſis, ſur l'Oiſe. *Bellus Mons.*

Beaune, Ville de la Bourgogne Occidentale, dans le Beunois, ſur la Bourgeoiſe. *Belna.*

Le Beunois, ou Beaunois, petit Paiis de la Bourgogne Occidentale. *Belnenſes.*

Beauvais, Ville de l'Iſle de France, Capitale du Beauvaiſis, ſur le Tèrain. *Cæſaromagus Bellovacorum.*

Le Beauvaiſis, Paiis de l'Iſle de France. *Bellovaci.*

Beauté, en Normandie. *Baltha.*

La Beauſſe, Canton de France. *Belſia*, ou *Carnutes Belſienſes.* Ce Canton contient le Paiis Chartrain, le Dunois, & une partie de l'Iſle de France, & de l'Orléanois.

Le Béarn, Canton de Gaſcogne. *Tarbelli Beneharnenſes.*

Le Bec, Village de France, en Normandie, dans le Rommois. *Chimarrus*, ou *Beccum Velocaſſium.*

Béder, Ville de l'Inde Occidentale, dans le Roiiaume de Balaguette, Province du Roiiaume de Décan. *Betana.*

Bedfort, Ville d'Angleterre, dans la Mercie. *Lactodorum Catyeuchlanorum.*

Beja, Ville d'Eſpagne, en Portugal, dans l'Alentejo. *Pax Julia Luſitanorum.*

Beiern, Ville d'Allemagne, dans la Baviére. *Brigobona Vindelicorum.*

Bekhria, Province d'Egypte, en Afrique. *Arcadia Heptanomos.*

Belcaſtro, Ville d'Italie, dans la Calabre. *Petilia Bruttiorum.*

Belcinac. *Voiez*, Berſignac.

Bellei, Village de Lorraine, dans le Verdunois, ſur la Meuſe, au deſſus de Verdun. *Billata.*

Belgrade, Ville de la Turquie Européane, Capitale de Servie, ſur le Danube. *Alba Græca*, ou *Taurunum.*

Belgrade de Romanie, petite Ville de la Turquie Européane, ſur la Mer Noire, proche de Mauromolo. *Salmydeſſus.*

Bélitona, Château d'Allemagne, dans le Tirol, Province des Etats d'Autriche. *Belitio.*

Belrain, Village de Lorraine, dans le Barrois. *Belramus.*

Le Bellei, Ville de France, dans la Breſſe. *Bellica.*

Belle-Iſle en France, dans

l'Océan, proche les côtes de la Bretagne Méridionale. *Calonesus Veneta.*

Bellême, Ville du Perche, proche les sources de la Même. *Bellisma.*

Belvedere, Ville de la Turquie Européane, Capitale du Paiis de même nom, dans la Morée. *Elis.*

Belluno, Ville de Frioul, en Italie, dans l'Etat de Venise. *Berunum.*

Bène, petite Ville du Piémont, dans la Province de Fossano, sur un petit ruisseau qui joint le Tanaro à Salmor. *Augusta Batienorum*, ou *Bagiennorum.*

Benevent, Ville d'Italie, dans le Principat. *Beneventum*, ou *Maleventum Hirpinorum.*

Bengale, Roiiaume de l'Inde Orientale, dans le Roiiaume d'Ava. *Gangetica.*

Benin, Riviére de Guinée, en Afrique. *Formosa. (hic)*

Le Beveland, Isle de la basse Allemagne, en Zélande, entre les bouches de l'Escaut. *Bavonia.*

Bergerac, Ville du Périgord, sur la Dordogne. *Brajeracum.*

Bergun. *Voiez*, Bourgoin.

Berg-Zabern, ou le Petit-Saverne, dans la haute Allemagne, sur l'Erlboch, entre Landau & Veissembourg. **Taberna Montana.*

Berlin, Ville d'Allemagne, dans le Brandebourg, sur la Sprée. *Berolinum.*

Bermerange, Village de Lorraine, dans le Saunois. *Vermeringa.*

Bernai, Village de Lorraine, dans la Voivre. *Bedernaca*, ou *Fenile.*

Bern-Castel, Ville d'Allemagne, dans l'Electorat de Trêves. *Castellum Tabernarum.*

Bernichio, Ville d'Afrique, en Barbarie, sur la côte du Roiiaume de Tripoli. *Berenice Cyrenaica* ou *Hesperidum.*

Bernieres, nom de Terre ou de Village en Normandie. *Fenilia*, ou *Bedernaca.*

Le Berri, Province de France. *Bituriges Cubi.*

Bersac, ruines de la Citadelle de Carthage, en Afrique, sur les côtes de Barbarie. *Byrsa.*

Berscllo ou Brescello, petite Ville d'Italie, dans le Modénois, sur le Pô, au confluent de la Lenza. *Brixellum.*

Bersignac, Isle de la Seine, entre le Paiis de Caux, & le Roumois, aux environs de Villequier. *Belsinnaca.*

Besalu, Village d'Espagne, dans la Catalogne, sur la Fluvia. *Besendunum Castellanorum.*

Besançon, Ville de France, dans le Comté de Bourgogne. *Vesontio Sequanorum.*

Le Bésos, petite Riviére d'Espagne, dans la Catalogne, qui tombe dans la méditerranée. *Batulo.*

Le Bessin, Paiis de France, dans la Normandie. *Biducasses.*

Le Bessin septentrional. *Biducasses maritimi*, ou *Occanenses.*

Le Bessin méridional. *Voiez*, le Bocage.

Le Bétau, Isle de la basse Allemagne septentrionale, entre le Rhein & le Vahal. *Insula Batavorum.*

Bévania ou Bévagna, petite Ville ou Village d'Italie, dans l'Ombrie. *Mævania.*

Beziers, Ville de France, en Languedoc, sur l'Orbe. *Beterræ, Bœterræ, Biterræ* ou *Bliterræ.*

Bicaner, Roiiaume de l'Inde occidentale. *Bacaria.*

Bicaner, Ville de l'Inde occidentale, Capitale du Roiiaume de méme nom. *Bacara.*

Bidbourg, ou Bietbourg, petite Ville d'Allemagne, aux Paiis-Bas, dans le Duché de Luxembourg. *Beda.*

Biel, Ville d'Allemagne, dans la Suisse, entre Avenches & Soleure. *Petenisca, Penestica Helvetiorum.*

La Biemme, petite Riviére de Champagne, dans le Paiis d'Argonne, qui tombe dans l'Aîne à Vienne la Ville. *Bionna*, ou *Biumma.*

Bietbourg. *Voiez* Bidbourg.

La Bievre ou la Riviére des Gobelins, dans l'Isle de France, que la Seine reçoit au dessus & tout proche de Paris. *Bivara.*

Le Biferno, petite Riviére d'Italie, dans le Comté de Molisse ou dans l'Abruzze. *Tifernus.*

La Bigôre, Paiis de France, dans la Gascogne. *Bigerrones.*

Bilbao, Ville d'Espagne, Capitale de la Biscaie. *Portus Amanus. Flaviobriga.*

Binch, petite Ville de la haute Allemagne, au confluent du Rhein & du Nahe. *Bingium Vangionum.*

Binchester, Ville ou Village d'Angleterre, dans le Paiis de Galles ou dans le Northumberland. *Vinnovium*, ou *Vinovia Brigantum.*

Biot, Village ou petite Ville vers l'embouchure du Var. *Opidum Deciatum. Voiez* Villeneuve.

Le Bisagno, petite Riviére d'Italie, dans l'Etat de Gennes. *Feritor.*

Bisane, Basane, ou Baibout, petite Ville proche les frontiéres de la grande Arménie, à une journée & demie de Trébisonde, en tirant au Sud-Est. *Leontopolis*, ou *Justinianopolis.*

Bischofzel, Bourg de Turgovie, dans la Suisse, au confluent du Thur & du Silter. *Episcopi cella.*

Bisentio, Ville d'Italie, dans la Toscane, proche le Lac de Bolséna. *Vesentium Etruscorum.*

Biserte, Ville d'Afrique, en Barbarie, dans le Roiiaume de Tunis. *Utica.*

Bisignano, petite Ville d'Italie, dans la Calabre. *Besidia Bruttiorum.*

Bizini ou San Giovanni di Bizini, Eglise qui reste seule d'une ancienne Ville de Sicile, dans le Val de Mazara. *Bidi*, ou *Bidini.*

Le Bisnagar, Roiiaume de l'Inde Occidentale. *Bisnagaris.*

Bitlis, Ville de Perse, dans le Curdistan. *Tigranocerta, Tigranopetra.*

Bivona, Village ou petite Ville d'Italie, dans la Calabre. *Vibo Valentia*, autrement *Hippo Calabrorum*, ou *Hipponium*.

Blaie, Ville & Port de France, en Guienne dans le Bourdelois, sur l'embouchure de la Garonne. *Blavia* ou *Blavutum*.

Blainville, petite Ville de Lorraine, dans le Paiis Leuquois, sur la Meurte. *Beleni villa in Leucis*.

Blainville, en Normandie, autrement appellé Bleville. *Beleni villa in Viducassibus*.

Le Blaisois, canton de l'Orléanois. *Carnutes Blesenses*.

Blamont, petite Ville de Lorraine, dans le Leuquois, sur la Vesouse. *Alba Leucorum*, ou *Albus Mons*.

Le Blamontois, canton du Leuquois, en Lorraine. *Leuci Albimontenses*.

Le Blanc, en Berri, Province de France. *Oblincum Cuborum*.

Blanès, Ville maritime d'Espagne, en Catalogne. *Blanda Laletanorum*.

Blavet, petite Riviére de France, en Bretagne. *Blabia*.

Blénod, Bourg de Lorraine, dans le Toulois. *Belenodivum*.

Le Bléfois ou la Bloise, Paiis de Champagne, entre les Riviéres de Bloise & de Marne. *Catalauni Blosienses*.

Bleurville, Prieuré de Lorraine, dans le Soulossois. *Bliderici villa*.

Blois, Ville de France, dans l'Orléanois, sur la Loire. *Blesa*.

Boarno, Village d'Italie, dans l'Etat de Venise. *Voberna Euganeorum*.

Le Bocage, ou le Bessin méridional. *Biducasses campestres*.

Bodivar, Village d'Angleterre, dans le Paiis de Galles. *Varis Ordovicum*.

Le Bog, ou le Boh, petite Riviére de Pologne, qui se jette dans la Niepre, après avoir coulé entre ce Fleuve & le Niester. *Axiaces*.

Bogar, Ville des Jousbecs dans la grande Tartarie. *Bocara*.

Le petit Boghas, ou détroit entre la Natolie occidentale, & l'Isle de Samos, large de de près d'une demie lieue, & long d'une lieue. *Fretum Samium*.

Le Boh. *Voiez*, le Bog.

La Bohême, Province d'Allemagne. *Boïi Marcomani Baemi*.

La Boiana, petite Riviére de la Turquie Européane, dans l'Albanie, qui tombe dans le Golfe du Drin, entre Dulcigno & Alésio. *Barbana*.

Boiano, petite Ville d'Italie, dans le Comté de Molisse. *Bovianum Pentrorum*.

Le Bois-d'Auge, petit Hameau de Normandie, dans le Paiis d'Auge, proche Vimontier. *Saltus Algiæ*.

Bôleduc, Ville de la Campigne Brabansone, sur la Dommèle ou la Dise. *Sylva Ducis*.

Bologne, Ville d'Italie, Capitale du Bolonois. *Bononia Felsina*.

Bologne sur mer, Ville de France, en Picardie. *Bono-*

*nia Oceanensis*, ou *Gesoriacum Morinorum.*

Bologne, Village dans la Banlieue de Paris. *Minutium.*

Le Bois de Bologne, dans la Banlieue de Paris. *Roboretum.*

Bolséna, Ville d'Italie, en Toscane. *Volsinii Etrusci.*

Bolzano, petite Ville ou Village en Allemagne, dans le Tirol Province des Etats d'Autriche, peu loin du confluent de l'Adige & d'Eisoch. *Bausanum*, ou *Bauxare.*

Bomazzo, Ville d'Italie, dans la Toscane. *Polimartium Etruscum.*

Bondéno, petite Ville ou Village d'Italie, dans le Modenois ou dans le Bolonois, sur le Po. *Padinum.*

La Forêt de Bondi, dans l'Isle de France, à deux lieues de Paris, en tirant au Nord-Est. *Laochonia Sylva.*

Bonmoutier, Abbaïie ou Prieuré de Blanmontois, en Lorraine. *Bodonis Monasterium.*

Bonn, Ville de la haute Allemagne, dans l'Electorat de Cologne. *Bonna Ubiorum Transductorum.*

Bonne, Ville d'Afrique, dans la Barbarie. *Hippo Regius.*

Bonnes, ou Chamarante, Village de l'Isle de France, dans le Hurepois, entre Châtres & Etampes, sur la Juîne. *Fines Parisiorum.*

Bonnet, Village de Lorraine, dans l'Ornais. *Buneium.*

Boppartum, Village ou petite Ville de la haute Allemagne, dans l'Electorat de Tréves, au dessus de Coblents. *Bodobriga*, ou *Bontobrice Treverorum.*

Il Borgo, Fauxbourg de Rome. *Leonina Civitas.*

Le Borrou, petite Riviére d'Irlande, une des grandes Isles Britanniques. *Birgus.*

Boscole, Village de Normandie, dans le Paiis de Caux. *Psychyle*, ou *Lucus Frigidus.*

Bosquai, Village de Normandie. *Boscaquium.*

Bouc, Vilage ou Terre de Lorraine, au Paiis de Carme. *Boscus.*

Boucei, Village de Normandie. *Buxetum.*

Bouchain, Ville du Hainaut, sur l'Escaut. *Buccinium.*

Bouconville, Village de Lorraine, dans la Voivre. *Beconis villa.*

Boudron, ruines d'une ancienne Ville, dans la Natolie Province de la Turquie Asiatique. *Halicarnassus.*

Bouillon, Ville du Paiis de Luxembourg, sur la Sémoi. *Bullio*, ou *Bublio.*

Le Boulenois, canton de Picardie, entre l'Océan & l'Artois. *Morini Gesoriaci*, ou *Bononienses.*

Bourbon l'Archambaut, ville du Bourbonois. *Burbo Boiorum.*

Le Bourbonois, Province de France. *Boii Aborigines.*

Bourdeaux, Ville & Port de France, Capitale de la Guienne, sur la Garonne. *Burdigala Vibiscorum.*

Le Bourdelois, Paiis de France dans la Guienne. *Bituriges Vibisci.*

Bourges, Ville de France, Capitale du Berri. *Avaricum*

*Biturigum Cuborum.*

Le Bourget, Lac d'Italie, dans la Savoie. *Castilionis Lacus.*

La Bourgogne, Province de France, contenant le Duché & le Comté. *Burgundiones Transducti.*

Le Duché de Bourgogne, partie occidentale de la Bourgogne, Province de France. *Ædui* ou *Ædues*, ou *Burgundiones Ædui.*

Le Comté de Bourgogne, ou la Bourgogne orientale, ou la Franche Comté, Province de France. *Sequani*, ou *Burgundiones Sequani.*

Bourgoin ou Bergun, Village ou petite Ville de France, dans le Bugei. *Bergusia*, ou *Bergusium.*

Bourguébu, Village de Normandie. *Burgasii Villa.*

Bourgueville, Village de Normande. *Burgasii Villa.*

Bourlemont, Village de Lorraine, dans le Soulossois. *Bolai Mons.*

Bourmont, petite Ville de Lorraine, dans le Soulossois. *Brunonis Mons.*

Bourg Sainte-Marie, Village de Lorraine, dans le Soulossois. *Marianum Solecense.*

Bousemont, Village de Lorraine, au Paiis de Mircourt. *Bosonis Mons.*

Bousseraucourt, Village de Bourgogne, dans le Portois. *Pussio.*

Boussieres, Village de Lorraine, dans la Voivre. *Buxariæ Vabrenses.*

Boussigni, Village de Normandie. *Buxiniacum.*

Bouvines, Bourg ou petite Ville du Paiis de Namur, sur la Meuse, au dessus de Dinant. *Bovinia*, ou *Boviniacum Tungrorum.*

Bouxieres, Village de Lorraine, dans le Chaumontois, sur la Meurte. *Buxariæ Calvomontenses.*

Bragues, Ville d'Espagne, en Portugal, entre Douro & Minho. *Bracara Augusta*, ou *Augusta Bracarum.*

Braine, Bourg du Soissonnois, sur la Vêle, au dessous de Fîmes. *Braina Suessionum.*

Brahaut, Village de Bourgogne, dans le Portois, sur la Sône. *Ebrovillare.*

Brai-sur-Seine, petite Ville de Champagne, entre Nogent, & Montereau-faut-Jonne. *Braium Senonum.*

Le Paiis de Brai, canton de Normandie. *Velocasses Braienses.*

Bramton, Ville d'Angleterre, dans le Northumberland. *Bremenium Ottadinorum.*

Brancaster, Ville d'Angleterre, dans l'East-Anglie. *Brannodurum Icenorum.*

Brandebourg, Ville d'Allemagne, dans la Province de même nom, sur le Havel. *Brennoburgum.*

Braquemont, Village de Normandie. *Pontimons.*

Le Bras de Maino, Paiis de la Turquie Européane, dans la Morée. *Tzaconia.*

Brasmort, traces d'un ancien Canal tiré depuis le Rhône jusqu'à l'Etang de Martigues. *Fossa Mariana.*

Brassau, ou Cronstat, Ville de

la Turquie Européane, dans la Transilvanie, sur les frontiéres de Moldavie. *Brassovia*, autrement *Corona*, *Prætoria Augusta*, ou *Stephanopolis*.

Brébeuf, Village de Normandie. *Pontis Villa*, ou *Braiæ Villa*.

Brégens, Ville d'Allemagne, sur le Lac de Constance. *Brigantium Rætorum*.

Le Brégenz, petite Riviére d'Allemagne, qui se décharge dans le Lac de Constance. *Brigantius*.

Brémen, Ville d'Allemagne, dans la basse Saxe. *Phabiranum*.

Brémont, Village de Normandie. *Braiæ Mons*.

La Brenne, canton de Touraine, entre l'Indre & la Creuse, sur les confins du Berri. *Saltus Brionæ in Biturigibus*.

Brentino, petite Ville d'Italie, dans l'Etat de Venise. *Bretina Euganeorum*.

Brescello. *Voiez*, Bersello.

Breslau, Capitale de Silésie, en Allemagne, sur l'Oder. *Budorigum*.

La Bresse, Province de France, entre la Suisse, la Savoie, le Lionois, & la Bourgogne. *Brexia*, ou *Segusiani Brexienses*.

Brest, Ville maritime de France, en Bretagne, vers la pointe occidentale. *Gesocribate*.

La Bretagne, Province de France, sur la Côte occidentale. *Britannia Armorica*, ou *Britones Armorici*.

La grande Bretagne, une des grandes Isles Britanniques de l'Océan en Europe. *Albion*.

Bretenham, Ville ou Village d'Angleterre, dans l'East-Anglie. *Cambretonium Icenorum*.

Brétot, Village de Normandie. *Braiæ Tofta*, ou *Lutosa Tofta*.

Bréval, Village de Normandie. *Braiæ Vallis*.

Le Breuil, Village ou Seigneurie de Lorraine, dans la Voide. *Brolium Bedense*.

Briançon, Ville de France, dans le Dauphiné, Capitale du Briançonois, sur la Durance. *Brigantio Caturigum*.

Le Briançonois, canton de Dauphiné. *Caturiges Bragantini*.

Briâre, Ville de l'Orléanois, dans la Puisaie, sur la Trésée, proche de la Loire. *Brivodurus Carnutum*.

La Brie, Paiis de France, qui se partage entre l'Isle de France & la Champagne. *Pagus Brigensis* ou *Briegius*.

Brie-Comte-Robert, petite Ville de la Brie Françoise, entre les ruisseaux d'Ieres, au sud, & de Rouillon, au Nord. *Braia Comitis Roberti*.

Brie Mulcienne. *Briegium Meldense*. Brie Parisienne. *Briegium Parisiense*. Brie Soissonnoise. *Briegium Suessionense*. Brie Troienne. *Briegium Tricassinum*. Brie Sénonoise. *Briegium Senonense*.

Brienne, Village & Château de Champagne, proche de l'Aude, entre Bar & Arcis. *Brena*.

Le Briennois, Paiis de France,

dans le Duché de Bourgogne. *Brannovices*, ou *Aulerci Brannovices*.

Brieux, Village de la Normandie occidentale, ſur l'Orne. *Bricaſſes*.

Brignole, Ville de la Provence méridionale, ſur le chemin de Saint-Maximin à l'Orgues. *Brinonia*.

Bridiers, Vicomté de la Marche. *Brivodurus Lemovicum*.

Brimeu, Village de Picardie. *Lutomagus*.

Brindes, Ville maritime d'Italie, dans la Terre d'Otrante. *Brundiſium*, ou *Brenda*, ou *Brunduſium*.

Brinn, Ville d'Allemagne, Capitale de Moravie. *Eburodunum Quadorum*.

Briolai, Village d'Anjou, au confluent du Loir & de la Sarte. *Lidericobriva*.

Brioude, Ville d'Auvergne, proche de l'Allier. *Brivas*.

Briouſe, en Normandie. *Braioſa*.

Briqueville, Village de Normandie. *Pontivilla*.

Briſac. *Mons Briſarius*.

Briſcou, preſqu'Iſle & Port d'Agde, en France, dans le Languedoc. *Blaſco*.

Le Briſgau, canton de l'Alſace méridionale. *Briſigavia*.

Briſſarte, Village d'Anjou ſur la Sarte. *Sartobriva*.

Brive la Gaillarde, Ville du Limoſin, ſur les confins du Perigord. *Briva Curretia*.

L'Evêché de Brixen, Paiis d'Allemagne, en Autriche, dans le Tirol. *Brixanta*.

Brixen, Ville d'Allemagne, en Autriche, dans le Tirol, au confluent de l'Aicha & de l'Eiſoch. *Brixia*.

Broies, petite Ville ou Bourg de la Brie Champenoiſe, entre le petit Morin & l'Auge. *Breca*.

La Broiſe, en Normandie. *Braioſa*.

Brotone. *Voiez*, Forêt.

Brou, Village & Maiſon de l'Iſle de France, à trois lieues de Paris, vers l'Abbaiie de Chelles. *Berulſium*.

Brouage, Ville de France, en Saintonge. *Berulſiopolis*.

Le Brouageais, Paiis de Saintonge. *Santones Berulſienſes*.

Brouſſei en Blois, Village de Lorraine. *Bleſa Sicca*.

Brucourt, Village de Normandie. *Berulſi curtis*.

Bruges, Ville d'Allemagne, dans les Paiis-Bas. *Municipium Flandrenſe*.

Brugham, petite Ville ou Village d'Angleterre, dans le Northumberland, ou dans le Paiis de Galles. *Brovoniacum Brigantum*.

Bruieres, Village du Chaumontois, en Lorraine, dans le territoire de Châtel la Vaux. *Brocaria*.

Brumat, ou Brumt, Bourg d'Alſace, à deux ou trois lieues de Strasbourg. *Breucomagus Tribocchorum*. Sur la Riviére de Sour.

Bruſſelles, Ville de la baſſe Allemagne, ſur la Senne. *Bruohſela*.

Le Bruſe, petite Riviére d'Alſace, qui prend ſa Source dans les Monts de Vôge, ſur les frontieres du Chaumontois Lorrain. *Brusca.*

Bruvile, Village de Lorraine, dans le Jarnisi. *Berulsi villa.*

Bubal, Riviére de Galice. *Bilbilis.*

Le Paiis de Buch, dans le Bourdelois, le long de la Mer, au sud du Paiis de Médoc. *Boii Aquitani.*

Le Buchiaza, Lac d'Afrique, en Egypte. *Maris.*

Bucino ou Bulcino, Ville d'Italie, dans le Basilicat, ou dans le Principat. *Vulceia*, ou *Vulci Lucanorum.*

Bude, Ville de la Turquie Européane, Capitale de Hongrie. *Acincum*, ou *Sicambria.*

Budoa, Ville maritime de la Turquie Européane, dans la Dalmatie. *Butua.*

Buelth, Village & petite Ville d'Angleterre, dans le paiis de Galles. *Bullæum Silurum.*

Buffe, faux-bourg d'Anneci, Ville de Savoie. *Civitas Bovis.*

La Bulgarie, Province de la Turquie Européane. *Mæsia.*

Les Bulgares, peuples de la Bulgarie, dans la Turquie Européane. *Abares* ou *Avares.*

Bulligni ou Bulgnei, Village ou Terre de Lorraine, dans le Toulois. *Beleniacus.*

Burchain. *Biricina.*

Buren, Ville d'Allemagne, dans la Suisse, au Canton de Berne, sur l'Aure. *Pyrenesca.*

Burghstède, méchant petit Village d'Angleterre, dans la Province d'Essex. *Cæsaromagus Trinobantum.*

Burgian, Ville de Perse, dans le Corasan. *Alexandria Aria.*

Bùrgos, Ville d'Espagne, dans la Castille, sur l'Arlançon. *Bravum*, autrement *Burgi*, ou *Marsburgi.*

Buri ou Saint Edmunsburi, petite Ville d'Angleterre, dans l'East-Anglie. *Villa Faustina Icenorum.*

Burowhill, Ville ou Village, d'Angleterre, dans la Mercie. *Verometum Coritanorum.*

Busserole, Village de Normandie. *Buxariola.*

Bussereth, Ville de la Turquie Asiatique, dans l'Arabie. *Bostra (trorum)*, autrement *Colonia Alexandrina*, ou *Nervia Trajana.*

Bussi, Village de Normandie. *Buxiacum.*

Bursia, Ville de la Turquie Asiatique, dans la Natolie propre, entre le Golfe de Montagna & le Lac de Loupadi. *Prusa*, ou *Theupolis.*

La Bussiere, Village de plusieurs Provinces de France. *Buxaria.*

Butrinto, Ville de la Turquie Européane, dans l'Albanie, vis-à-vis l'Isle de Corfou. *Buthrotum.*

## C.

CAERHEAN, Village d'Angleterre, dans la Province de Galles, à l'embouchure du Conwei. *Conovium Vetus.*

Cabanes de Fitor, lieu de France, à vingt mille de Narbonne, au bord d'un étang, & à la vue de Leucate. *Ad vigesimum.*

Cabo Coriane, en Espagne. *Promontorium Corium.*

Cabo de Espichel, en Espagne, dans l'Alentéjo, Province de Portugal. *Barbarium Promontorium.*

Cabo Grovio, en Portugal, à l'embouchure de l'Ouilla. *Promontorium Grovium.*

Cabo d'Istria, Ville d'Allemagne, dans l'Istrie, sur le Golfe de Venise. *Ægida*, ou *Justinopolis.*

Cabo Mastico ou de Catoméria, dans l'Isle de Scio, au sud. *Posidion.*

Cabo d'Ortégal, en Espagne. *Promontorium Trileucium.*

Cabo de Rocca, sur la côte de Portugal. *Artabrum Promontorium.*

Cabo de Trafalgar, en Espagne, où commence le Détroit de Gibraltar. *Promontorium Junonis.*

Cabréra, Isle d'Europe, dans la Méditerranée. *Capraria Gymnesia.*

Cabul, Roiiaume d'Asie, dans l'Inde Occidentale. *Cabolita.*

Cabul, Ville d'Asie, Capitale du Roiiaume de même nom, dans l'Inde Occidentale. *Cabolium.*

Cachemire, Roiiaume. *Voiez*, Cassimère.

Cachemire ou Sirinaket, Ville d'Asie, dans l'Inde Occidentale, Capitale du Roiiaume de Cassimère. *Caspira.*

Cadikioi ou Chalcédona, autrement Cadiaci, ruines d'une ancienne Ville de la Turquie Asiatique, dans la Natolie, à une bonne lieue de Scutari, vis-à-vis de Constantinople. *Calchedon.*

Cadis, Ville & Port de Mer d'Espagne, dans l'Andalousie. *Gades*, autrement *Gadis*, ou *Augusta Julia Gaditana.*

Caen, Ville de France, en Normandie, sur l'Orne. *Cadomus*, ou *Cadetopolis.*

Caerlion, petite Ville ou Village d'Angleterre, dans le Paiis de Galles. *Isca Silurum.*

Caermardin, Ville d'Angleterre, dans le Paiis de Galles. *Maridunum Demetum.*

Caervent, Ville d'Angleterre, dans le Paiis de Galles. *Venta Silurum.*

Caffa, Ville de la Turquie Européane, dans la Crimée partie de la petite Tartarie. *Theodosia.*

La Cafrerie, partie de l'Afrique méridionale, sur l'Océan. *Æthyopes Anthropophagi*, ou *Austrini.*

Cagli, Ville d'Italie, dans l'Ombrie. *Callis Umbrorum.*

Cagliari. *Voiez*, Caller.

Cahors, Ville de France, Capitale du Querci, dans la Guienne, sur le Lot. *Devona*, ou *Divona Cadurcorum.*

Le Caïbar, Riviére de la Turquie Asiatique, dans l'Arabie. *Betius.*

Cailletot, Village de Normandie. *Fontis Tosta.*

Cailli, Calli, Calix, noms de plusieurs Villages ou Terres de Normandie. *Crenedion* ou *Fonticulus.*

Le Caire, Paiis d'Egypte, dans la Province de Békhria. *Babylonica.*

Le Caire, ou le grand Caire, Ville d'Egypte, dans la Province de Békhria. *Babylon nova*, ou *Memphis nova*.

Cairoan, Ville d'Afrique, en Barbarie, dans le Roiiaume de Tunis. *Thysdrus*.

Caket, Paiis de la Turquie Asiatique, dans la Géorgie. *Iberia Asia*, ou *Eoa*.

La Calabre, Province de l'Italie méridionale. *Bruttii*.

Calais, Ville maritime de France, en Picardie. *Calesium*.

Calataiud, Ville d'Espagne, dans l'Aragon. *Bilbilis nova*.

Calcahan, autrement Thula ou Caracarom, Ville de la grande Tartarie, dans le Paiis des Mogols Tartares. *Calca*.

Caldès de Malavella, Ville d'Espagne, dans la Catalogne. *Aquæ Voconiæ Indigetum*.

Calenberg, Ville ou Village d'Allemagne, en Autriche. *Catius Mons*.

Calenhusen, Ville ou Village de la basse Allemagne. *Calo Gugernorum*.

Calibourg, Village de Normandie. *Fontiburgus*.

Caller ou Cagliari, Capitale de la Sardaigne Isle d'Europe, dans la Méditerranée. *Calares*, ou *Caralis*.

Les Calmoucs, peuples de la grande Tartarie. *Orgasi*.

Le Caloré, petite Riviére d'Italie, dans le Principat. *Calor*.

Caltitiu, ruines d'une Ville de la Turquie Asiatique, dans la Natolie. *Chalcedon*.

Calvi, Village d'Italie, dans la campagne de Rome, proche Capoue. *Calenum*.

Camarana, ruines d'une ancienne Ville maritime de Sicile, sur la côte méredionale. *Camarina*.

La Camargue, petit Paiis de la Provence Maritime, entre les bouches du Rhône. *Camaria Insula*, ou *Comarca*, ou *Anatilii*.

Camboje, Ville d'Asie, Capitale du Roiiaume de même nom, dans l'Inde orientale. *Leuvecum*.

Cambrai, Ville d'Allemagne, dans les Paiis-Bas, Capitale du Cambresis, sur l'Escaut. *Camaracum*, ou *Cameracum Nerviorum*.

Le Cambresis, Paiis d'Allemagne, dans les Paiis-Bas. *Nervii*.

Cambrige, Ville d'Angleterre, dans l'East-Anglie. *Camboricum*, ou *Camboritum Icenorum*.

Caminato. *Voiez*, Rio Caminato.

Caminiec, Ville de Pologne, Capitale du Palatinat de Podolie, à quelques lieues du Niester. *Clepidava*.

La Campagne d'Alençon, canton de la Normandie occidentale. *Marca Sagiorum*.

La Campagne de Caen, canton de la Normandie occidentale, entre l'Orne & la Dive. *Cadetes*, ou *Otlingua*.

La Campagne de Rome, en Italie. *Campania Romana*.

La Campine Brabansonne & Liégeoise, Paiis de la basse

Allemagne, jusques à l'Escaut. *Toxandria.*

Campion, Ville de la grande Tartarie, Capitale du Roiiaume de Tangut. *Issedon Serica,* ou *Thagura.*

Campredon, Ville d'Espagne, dans la Catalogne. *Engosa,* ou *Egosa Castellanorum.*

Campten ou Kempten, Abbaiie d'Allemagne, dans la Souabe. *Campodunum Estionum,* ou *Drusomagus.*

Cana, Ville d'Egypte, sur le Nil. *Coptos.*

Le Canal d'Aborg ou d'Alborg, en Allemagne, dans le Jutland. *Sinus Limicus.*

Le Canal de la Mer Noire. *Bosporus Thracius.*

Les Canaries, Isles de l'Océan, vers les côtes occidentales d'Afrique. *Fortunatæ Insula.*

La Canche, Riviére de France, qui partage son cours entre l'Artois & la Picardie. *Cantia,* ou *Cuenta.*

Candahar, Ville d'Asie, dans la Perse, Capitale de la Province de même nom. *Alexandria Arachosia.*

Le Candahar, Province de Perse, dans l'Asie. *Arachosia.*

Cande, Bourg de Touraine, à l'embouchure de la Vienne. *Condate ad Vigennam.*

Cande, Village de Touraine, sur l'Indre, entre Evre & Artâne. *Condate ad Angerem.*

Candé, petite Ville d'Anjou, sur les frontiéres du Comté Nantois, au confluent de la Mandie dans l'Erdre. *Condate ad Mandiam.*

Candélona, Ville d'Asie, dans la Turquie Asiatique, sur les frontiéres de la Natolie, & de la Souiie. *Myriandros.*

Candélora, Ville de la Turquie Asiatique, dans la Natolie. *Sida.*

Candie, Isle de la Méditerranée, aux environs de la Turquie Européane. *Creta,* autrement *Aeria Hecatompolis, Curetis, Macaros,* ou *Macaronesus.*

Candie, Ville d'Europe, Capitale de l'Isle de même nom, dans la Méditerranée. *Cytæum Novum,* autrement *Heraclea,* ou *Matium.*

Candilbachési, Village de la Natolie occidentale, sur le Bosphore, à l'embouchure du petit Ghiocsou, dans le Golfe de Napli. *Nicopolis ad Bosporum.*

La Canée, Ville de l'Isle de Candie, dans la Méditerranée en Europe, sur la côte septentrionale. *Apollonia,* autrement *Cydon,* ou *Cydonia.*

Canna Distrutta, ruines d'un ancien Village d'Italie, dans la Terre de Bari. *Cannæ.*

Le Canet, Village de Provence, entre Luc & l'Argens, dans le Diocèse de Fréjus. *Forum Voconii.*

Canini, Ville de Sicile, dans le Val de Masare, sur la côte septentrionale, au sud de Palerme. *Hyccara.*

Cannes, petite Ville ou Bourg, sur la côte de Provence. *Castellum Marcellinum.*

Cannonden, Village d'Angleterre, dans l'Essex. *Cononium Trinobantum.*

Canosa, Ville d'Italie, dans le Principat, proche la source de l'Ofanto. *Canusium.*

Cantorbéri, Ville d'Angleterre, dans la Province de Sussex. *Durovernum Cantiorum.*

Canvei, petite Isle Britannique, à l'embouchure de la Tamise. *Covnus.*

Le Cap d'Agde, sur la côte de Languedoc, proche de la Ville de même nom. *Promontorium Setium.*

Le Cap de Bésichtachi, dans la Romanie, sur le canal de de la Mer Noire, peu loin de Fondocli, un des fauxbourgs de Constantinople. *Promontorium Jasonium*, ou *Diplocionion.*

Le Cap de Bonne Espérance, en Afrique, dans la Cafrerie. *Cervix Africa.*

Le Cap Catabate ou de Samos, dans l'Isle de Samos, sur le grand Boghas. *Promontorium Cantharium*, ou *Cerceteus.*

Le Cap Cécri, dans la Natolie occidentale, sur le canal de la Mer Noire, vis-à-vis le Cap de Courouchismé, où est le Village Coulébachési. *Promontorium Cecrium.*

Le Cap Cervéra, en France, sur les côtes du Roussillon, entre Colioure & Roses. *Cervaria.*

Le Cap de Clarence, dans la Turquie Européane, sur la côte du Belvedere paiis de la Morée. *Chelonates Promontorium.*

Le Cap Colonne, sur la côte méridionale de l'Isle de Samos, vis-à-vis de Samopoula. *Promontorium Heraum.*

Le Cap de Courouchismé en Romanie, sur le canal de la Mer Noire, dans le Golfe d'Arnautcui. *Promontorium Estias.*

Le Cap de Creux, qui sert de limite entre la France & l'Espagne, sur la Mer Méditerranée. *Aphrodisium Promontorium.*

Le Cap de Faro, à la pointe orientale de Sicile, grande Isle voisine de l'Italie. *Pelorum.*

Le Cap de Finistère, en Espagne, dans la Galice. *Celticum Promontorium*, ou *Nerium.*

Le Cap des Grabuses, à l'extrémité occidentale de l'Isle de Candie, dans la Méditerranée, à l'entrée de l'Archipel, proche les Grabuses. *Cimaros.*

Le Cap Grec, dans la Romanie, sur le Détroit de Gallipoli, vis-à-vis le Cap Janissaire. *Promontorium Mastusia.*

Le Cap Janissaire, sur les côtes de la Natolie occidentale, vis-à-vis de Ténédo. *Promontorium Sigeum.*

Le Cap de Stilo, en Italie, dans la Calabre méridionale. *Cocintum Promontorium.*

Le Cap Turc ou le Cap Stridia, dans la Natolie occidentale, sur les côtes du Bosphore, entre les Golfes Monocolos & Moucapouris. *Promontorium Æthorhecum.*

Le Cap

Le Cap de l'Aigle, en Provence, proche de Marseille. *Promontorium Citharistes.*

Le Cap de Guardafu, en Afrique, sur la côte d'Aian. *Promontorium Mossylium.*

Le Cap Lésard, en Angleterre, dans l'Ouessex. *Promontorium Damnonium*, ou *Ocrinum.*

Le Cap Matapan, dans la Turquie Européane, en Morée. *Promontorium Tanarium.*

Le Cap de Passaro, à la pointe méridionale de Sicile. *Pachinum.*

Le Cap de Saint Dimitre, dans la Romanie, au coin du Port de Constantinople, à la pointe du Serrail, en tirant vers le Sud, où étoit l'ancienne Ville de Bisance. *Promontorium Bosporium*, ou *Chrysoceras.*

Le Cap de Sainte Marie, dans les Algarves. *Cuneus.*

Le Cap de Sainte-Marie de Leuca. *Voiez*, Capo di Leuco.

Le Cap de Saint Davids, en Angleterre, dans le Paiis de Galles. *Promontorium Octapitarum.*

Le Cap de Saint-Vincent, en Espagne, dans le Portugal méridional. *Promontorium Sacrum Lusitanorum.*

Le Cap Salmon, ou Salomon, dans l'Isle de Candie. *Promontorium Salmonium*, ou *Sammonium.*

Le Cap de Sierra Liona, ou le Cap Tagrin, en Afrique, dans la Guinée. *Hesperi-Cornu.*

Le Cap Spada, dans l'Isle de Candie, sur les Montagnes de la Canée. *Mons Dictynnaus.*

Le Cap Pisello, dans la Natolie, sur la Mer-Noire, entre Amastro, & Abono. *Carambis.*

Le Cap, ou le Serrail de Scutari, dans la Natolie occidentale, sur le Canal de la Mer-Noire, où commence le Bosphore. *Bos*, *Bosporus*, ou *Damalis.*

Le Cap Verd, sur les côtes occidentales d'Afrique, dans la Guinée. *Arsinarium Promontorium.*

Le Cap Xacoro, dans l'Isle de Candie. *Promontorium Itanum.*

Capelle. *Ambiativus Vicus.*

La Capelle, Ville de France, en Picardie. *Duronum Veromanduorum.*

Capes, Ville d'Afrique, dans la Barbarie. *Tacapa.*

Capes, petite Ville de Barbarie. *Triton.*

Le Capitanat, Province de l'Italie méridionale, sur le Golfe de Venise. *Daunia.*

Capo Campanella, entre les Golfes de Naples, & de Salerne. *Promontorium Athenæum*, ou *Minervæ.*

Capo Crio, dans la Natolie Province de la Turquie Asiatique. *Gnidus.*

Capo dell'armi, en Calabre, dans l'Italie. *Leucopetra.*

Capo Despartel, en Barbarie, dans le Roiiaume de Fès, sur le détroit de Gibraltar. *Ampelusia*, ou *Promontorium Album.*

Capo di Leuco, ou le Cap de Sainte-Marie de Leuca, en Italie, dans la Terre d'Otrante. *Promontorium Iapygium.*

Capo di Rocca Sintra, en Espagne, dans le Portugal, proche Lisbone. *Promontorium magnum Lusitanorum.*

Capo di Spartivento, en Italie, à la pointe la plus méridionale de la Calabre. *Herculis Promontorium.*

Capoue, Ville d'Italie, dans la Terre de Labour, sur le Vulturne. *Capua nova*, ou *Casilinum.*

Capraia, Isle d'Europe, dans la Méditerranée, proche l'Isle de Corse. *Capraria Corsica*, autrement *Caprasia*, ou *Ægilos.*

Caraboustas, Port de Nicaria. *Isti.*

Caracarom. *Voiez*, Calcahan.

Caramit, Ville de la Turquie Asiatique, dans le Diarbec. *Constantia Ammaa.*

Carasu, petite Riviére de la Turquie Asiatique, dans la Natolie. *Cydnus.*

Le Carbon, petite Riviére de la Turquie Européane, dans la Morée. *Alpheus.*

Carcassone, Ville de France, en Languedoc, sur l'Aude. *Carcaso*, ou *Carcasum.*

Cardigham, Ville d'Angleterre, dans le Païis de Galles. *Ceretica.*

Cardiotissa, méchant écueil de la Méditerranée, dans l'Archipel, au milieu des Isles de Sikino & de Policandro. *Lagusa.*

Carek, petite Isle d'Asie, dans le Golfe Persique, sur les côtes d'Arabie, proche l'Isle Baharen. *Ichara.*

Carentan, Ville de Normandie, dans le Cotentin. *Carentonum.*

Carife, Ville ou Village d'Italie, dans le Principat. *Callifæ.*

Carini, ou Muro d'Iccarini, Village de Sicile, dans le Val de Mazara, à six ou sept lieues de Palerme. *Hiccara.*

La Carinthie, Païis d'Allemagne, dans les Etats d'Autriche. *Pannonia Superior.*

Carlile, Ville d'Angleterre, dans le Northumberland, ou dans le Païis de Galles. *Luguvallum Brigantum.*

Carlstad, Ville de Suede, dans le Vermeland. *Carolopolis.*

Le Caron, Riviére d'Asie, dans la Perse, qui tombe dans le Golfe Persique. *Choaspes*, ou *Eulæus.*

Carpentras, Ville de France, dans la Provence, sur la Sorgue. *Carpentoracte Meminorum*, ou *Forum Neronis Vendascense.*

Carmain, Ville de Languedoc, dans le Toulousan. *Carmanum.*

Carquebu, Village de Normandie, dans le Cotentin. *Templivilla.*

Carsa, Village maritime de la Natolie, sur la Mer-Noire, à six lieues de Sinobi, en tirant à l'Est. *Carusa.*

Carso, Village d'Italie, dans l'Etat de Gennes. *Carystum Ligurum.*

Le Carzan, Riviére de Perse, dans l'Iéracagem, proche les frontiéres du Guilan, qui vient d'une Montagne de même nom peu loin de Casbin, tombe dans le Késel-Ousan, au Paiis de Tarim. *Rhidagus*, ou *Zioberis.*

Carthagene, Ville maritime d'Espagne, dans le Roiiaume de Murcie. *Carthago Nova*, ou *Spartaria.*

Casair, Ville de la Turquie Asiatique, en Sourie, dans la Palestine, Capitale de la Principauté de même nom. *Cæsarea Augusta*, ou *Turris Stratonis.*

Le Casalmac, la plus grande Riviére de la côte septentrionale de la Natolie, à sept lieues d'Hali, en tirant à l'Est. *Iris.*

Casal-Saint-Vas, Ville d'Italie, Capitale du Mont-Ferrat, sur le Pô. *Bodincomagus*, ou *Industria Ligurum.*

Casbin, Ville de Perse, dans l'Iérac Agémi. *Arsacia.*

Cascante, Ville d'Espagne, dans la Navarre, sur les confins de l'Aragon, entre Tudéla & Tarasone. *Cascantum.*

Caseres, Ville du Comingeois, sur la Garonne. *Calagoris Convenarum.*

Le Casilrimac. *Voiez*, l'Hali.

Cassaro, Ville de Sicile grande Isle voisine d'Italie. *Cacyrum.*

Cassel, Ville d'Allemagne, Capitale de la Hesse, sur la Fulde. *Castellum Cattorum*, ou *Canduum.*

Cassel, Village d'Allemagne, dans les Paiis-Bas en Flandre, sur les frontiéres de la Picardie & de l'Artois. *Castellum Morinorum.*

Cassimere, ou Cachemire, Roiiaume d'Asie, dans l'Inde occidentale. *Caspirai.*

Cassovie, Ville de la Turquie Européane, dans la Hongrie, proche le Cuneit. *Bormanum* ou *Gormanum Jazygum.*

Castel a maré della Brucca, Village d'Italie, dans le Principat. *Velia*, ou *Helia.*

Castel a maré di Stabia, Ville d'Italie, dans le Principat, entre l'embouchure du Sarno & Sorrento. *Stabiæ.*

Castel di Sessola, en Italie, dans la Campagne de Rome. *Suessula.*

Castello di Voltorno, Ville d'Italie, sur les côtes de la Campagne de Rome, à l'embouchure du Voltorno. *Vulturnum.*

Castelnau d'Arri, Ville de Languedoc, dans le Lauraguais. *Castellum Arri*, ou *Fines Tolosatium.*

Castelane, Village ou Château de France, dans la Provence entre Vence & Senès. *Salinæ Sollinensium* ou *Suetrorum.*

Castel Vecchio, Subréquo ou Subéquo, Ville d'Italie, dans l'Abrusse. *Superequum Pelignorum.*

Castel Vétéré, petite Ville ou Village d'Italie, dans une presqu'Isle de la Calabre. *Caulon.*

Castidio, Village ou petite Ville d'Italie, dans la Calabre. *Decastadium.*

Castomoni, Ville de la Turquie Asiatique, dans la Natolie. *Gangara.*

Castres, Ville de France, en Languedoc, sur l'Agoût. *Castrum Albiensium.*

Castro, Ville d'Italie, en Toscane, Capitale du Duché de même nom. *Statonia Etruscorum.*

Castro, Montagne de la petite Sdile, Isle de la Méditerranée, dans l'Archipel, au milieu des Ciclades. *Cynthus.*

Castro, petite Ville maritime d'Italie, dans la Terre d'Otrante. *Castrum Minervæ*, ou *Minervium.*

Castro, Ville de l'Isle de Mételin. *Mytilene.*

Castro Giovanni, petite Ville de Sicile, dans le Val de Noto. *Enna*, ou *Henna.*

Catane, Ville de Sicile, dans le Val de Démona. *Catina.*

Cataric, Ville d'Angleterre, dans le Northumberland. *Cataracto*, ou *Caturactonium Brigantum.*

Le Catif, ou el Catif, Ville de la Turquie Asiatique, en Arabie, sur le Golfe Persique. *Gerra.*

Cattaro, Ville maritime de la Turquie Européane, dans la Dalmatie, Capitale de Zupa. *Ascrivium.*

Catwic, petit Bourg de Hollande, à l'Ancienne embouchure du Rhein. *Cattorum Vicus.*

Cavaillon, Ville de France, en Provence, dans le Comtat d'Avignon, proche la Durance. *Cabellio Cavarum.*

Cavallo, Ville maritime de la Turquie Européane, en Macédoine, dans le Jamboli, sur le Golfe de Contesse. *Bucephala.*

Caudebec, petite Ville de Normandie, dans le Paiis de Caux, sur la Seine. *Beccum*, ou *Chimarrus Caletum.*

Cauvigni, nom de Village ou de Terre, en Normandie. *Calviniacum.*

Le Paiis de Caux, canton de Normandie. *Caletes.*

Cében. *Voiez*, Hermanstat.

Le Cébu, petite Riviére d'Afrique, en Barbarie, dans le Roiiaume de Fès. *Subur.*

Cedogna, petite Ville d'Italie, dans le Principat. *Aquilonia.*

Ceireste, Village de Provence, proche la Ciotat. *Citharista.*

Céneda, Ville d'Italie, dans le Trévisan paiis de l'Etat de Venise. *Ceneta Venetorum.*

Le Mont Cénis, en Savoie, dans les Alpes. *Alpis Cottia.*

Cœur, Village de Lorraine, dans le Barrois, peu loin de la Meuse. *Coria.*

Centorbo, Village ou petite Ville de Sicile, dans le Val de Démona, aux environs du Mont Gibel. *Centuripa.*

Céphalu, Ville maritime de Sicile, dans le Val de Mazara. *Cephaladis*, ou *Cephaladium.*

Cérasonte, ou Kirisonto, Ville de la Natolie, sur la Mer-Noire. *Cerasùs.*

Cerboli, ou Corboli, petite Isle d'Europe, dans la Méditerranée, proche l'Italie, sur la côte de Toscane, peu loin d'Orbitelle. *Barpana*, autrement *Carbania*, ou *Harpona*.

Cérigo, Isle de la Méditerranée, au Sud de la Morée Province de la Turquie Européane. *Cythera*, ou *Porphyris*.

La Cérigote, petite Isle de la Méditerranée, entre la Morée, Candie, & Cérigo. *Ægilia*.

Cervetere, Château d'Italie, dans la Toscane. *Cære*.

Le Césano, petite Riviére d'Italie, dans l'Ombrie. *Sena*, ou *Senna*.

Césarée de Cappadoce. *Voiez*, Késaria.

Céva, Ville ou Village d'Italie, dans le Piémont. *Ceba Ligurum*.

Les Cévennes, Montagnes de France, dans le Languedoc. *Cebenna*, *Mons Cebenna*, *Cebenna*, ou *Cemmeni*.

Ceuta, Ville d'Afrique, en Barbarie, dans le Roiiaume de Fès. *Exilissa*.

Cfonisi, Ville de Candie grande Isle d'Europe, dans la Méditerranée. *Onisia*.

Le Chabangioul, Lac de la Natolie propre, qui prend son nom de Chabangi petite Ville assise sur ses bords à deux lieues de Nixaca, autrement Nicée, ou Ismich. *Lacus Ascanius*.

Chabris, Village du Blaisois, sur le Cher. *Carobriva*.

Chader, Isle d'Asie, dans l'Arabie, au fond du Golphe Persique, entre les deux bouches du Fleuve des Arabes. *Messene*.

Chah-Jéhan-Abad. *Voiez*, Deli, Ville.

Chaillon, Village de Lorraine, dans la Voivre. *Castellio Vabrensis ad Qualam*.

Chailloue, Village de Lorraine, dans le Saintois. *Chidulsi Villa*.

Chalcedona. *Voiez*, Cadikioi.

Chaligni, Village de Lorraine, dans le Toulois, sur la Moselle. *Caleniacum*.

Châlons sur Marne, Ville de France, en Champagne. *Catalaunum*, ou *Neomagus Vadicassium*.

Le Chalonois, ou le Territoire de Châlons sur Marne. *Vadicasses*.

Challon sur Sône, Ville de France, dans le Duché de Bourgogne. *Cabillonum Ambarrorum*.

Le Challonois, ou le Territoire de Challon sur Sône. *Ædui Cabillonenses*, ou *Ambarri*.

La Chalosse, paiis de France, dans la Gascogne. *Atures*.

Cham, Village de Suisse, dans la Province de Zug, & sur le Lac de Zug. *Camus Tugenorum*.

Chamagne, en Lorraine, dans le Chaumontois, sur la Moselle. *Campus agni*.

Chamarante. *Voiez*, Bonnes.

Chamberri, Ville d'Italie, Capitale de Savoie. *Camberiacum Allobrogum*.

Chambli, petite Ville du Beauvaisis. *Cameliacum*.

Chamdra, Village de Lorraine, au paiis de Havend. *Campus rectus.*

Champ, petite Ville ou Bourg de Lorraine, au Paiis de Châtel la Vaux, dans le Chaumontois, sur la Vologne. *Campus Leucorum Castrensium.*

La Champagne, Province de France. *Campania Gallica.*

Campenoux, Village de Lorraine, dans le Saunois. *Campus panosus.*

Champigneul, Village de Lorraine, dans le Chaumontois, peu loin de Nanci. *Cam[illegible].*

La Chana, petite Ville ou Bourgade de Savoie, sur la décharge du Lac Bourget dans le Rhône. *Condate Allobrogum.*

Chandegri, Ville d'Asie, dans l'Inde occidentale, Capitale du Roiiaume de Bisnagar. *Bisnagaria.*

Chaparangue, Ville d'Asie, dans la grande Tartarie, Capitale du Roiiaume de Tibet. *Tibetum.*

La Charente, Riviére de France, dans l'Angoumois, qui tombe dans l'Océan. *Carentonus.*

Charia, ruines d'une ancienne Ville de la Turquie Européane, dans la Morée. *Mycena.*

Charleville, Ville de Champagne, dans le Rethelois, sur la Meuse, proche & au dessous de Maisieres. *Arca Remorum.*

Charmes, petite Ville de Lorraine, dans le Saintois, sur la Moselle. *Carpini Leucorum Segintensium.*

Charpeigne, Village de France, en Lorraine, sur la Moselle, entre Mets & Toul. *Scarpona in Leucis.*

Le Charolois, canton de la Bourgogne occidentale. *Brannovices Quadrigellenses*, ou *Quadrellenses.*

Le Paiis Chartrain, dans l'Orléanois. *Carnutes Autricenses.*

Chartres, Ville de France, dans l'Orléanois, Capitale de la Beausse. *Autricum Carnutum.*

Chateaudun, Capitale du Dunois, sur le Loir. *Dunum Carnutum.*

Le Château de Leuf, à Naples Ville d'Italie, dans la Terre de Labour. *Castrum Luculli.*

Château Landon, Village de l'Isle de France, dans le Gatinois. *Castrum Nantonis.*

Château-Roux, Ville de Berri, sur l'Indre. *Castrum Radulphi.*

Le Château-Saint-Ange, Forteresse de Rome. *Hadriani Moles.*

Châtelleraud, Ville de Poitou, proche la Vienne. *Castrum Eraldi.*

Château Salins, Village ou Terre de Lorraine, dans le Saunois. *Castrum Salinense.*

Château Gontier, Ville d'Anjou, sur la Maîne. *Castrum Gonteri.*

Châteauneuf, en Timerais. *Castrum Theodemerense.*

Le Château de Lattes, en Languedoc, proche de Montpellier. *Latera.*

Chatenli, Bourg de Lorraine, dans le Soulossois, peu loin

de la Verre. *Castanetum Solecensium.*

Châtillon, Village de Lorraine, dans le Blanmontois. *Castellio Albimontensis.*

Châtillon, Village de Bourgogne, dans le Portois. *Castellio Decolatensis.*

Chasnoi, Village du Salmois, en Lorraine. *Quercetum Salmense.*

Chaudenai, Village de Lorraine, dans le Toulois, sur la Moselle. *Caldeniacum.*

Chauloi, Village de Lorraine, dans le Toulois. *Cauliacus.*

Chaumont, en Vexin. *Calvus Mons Velocassium.*

Chaumont, en Anjou. *Calidus Mons Andegavorum.*

Le Chaumontois, canton de Lorraine, entre l'Alsace, le Val de Saint Dié, le Paiis de Havend, le Portois, le Paiis de Mircourt, le Saintois, le Toulois, le Scarponois, le Saunois, le Blanmontois, & le Comté de Salme. *Calvomontensis Pagus.*

Chaumousci, Abbaiie de Lorraine, au paiis d'Havend, dans le Chaumontois, à une lieue & demie d'Epinal. *Calmosia.*

Chauvigni, nom de Village ou de Terre, en Normandie. *Calviniacum.*

Le Chef de Saint Mahé, à la pointe occidentale de la basse Bretagne. *Promontorium Gobæum.*

Chelles, Village de l'Isle de France, dans le Parisis, proche de la Marne, entre Paris & Lagni. *Calæ* ou *Cala.*

Cheminot, Village de Lorraine, dans le Saunois, sur la Seille. *Camenetum.*

Chennevieres, village du Chaumontois, en Lorraine, proche de la Meurte. *Cannabetum Calvomontense.*

Le Cher, Riviére de France, qui tombe dans la Loire au Bec de Cher, vis-à-vis d'Ingrande. *Carus*, ou *Caris.*

Cherchéni, ou Querquéni, petite Isle d'Afrique, le long du continent, vers les Seiches de Barbarie, dans le Golfe de Capes. *Cercinnitis.*

Chéris. *Voiez*, Chorasia.

Chester, Ville maritime d'Angleterre, dans la Mercie. *Deva Cornaviorum.*

Chiaci. *Voiez*, Jaci.

Chiana Paludé, Marais d'Italie, dans la Toscane. *Clusina Palus.*

La Chiana, petite Riviére d'Italie, dans la Toscane, qui reçoit la Paglia, & tombe dans le Tibre peu loin d'Orviète. *Clanis Etruscus.*

Chiastézo ou Chiasteggio, Village d'Italie, dans le Territoire de Pavie. *Clastidium.*

Chiavenna, Ville d'Allemagne, en Suisse, dans le paiis des Grisons, Capitale du Comté de même nom. *Clavenna Rætorum.*

Chiaves, Ville d'Espagne en Portugal, entre Minho & Douro, sur le Tamaga. *Aquæ Flaviæ.*

Le Chiento, petite Riviére d'Italie, dans la Marche d'Ancône. *Flusor.*

Chiéti, Ville d'Italie, Capitale de l'Abruſſe. *Teate Marrucinum.*

Chilminar, ruines de Perſepolis, en Perſe.

Chimoli. *Voiez*, l'Argentiére.

La Chine Septentrionale. *Seres Auſtrini.*

La Chine Méridionale. *Seres Eoi.*

Chinon, Ville de France, en Touraine, ſur la Vienne, dans le Vaiton ou le Chinonois. *Caino.*

Chipiona, nom d'un endroit de Cadis, en Eſpagne. *Munimentum Cæpionis.*

Chiſamo, petite Ville de l'Iſle de Candie, ſur le bord de la Mer, à dix lieues de la Canée, entre le Cap des Grabuſes & celui de Spada. *Ciſamum.*

Chiuſi, Ville d'Italie, dans la Toſcane, ſur la Chiana. *Cluſium vetus.*

Chiuſi, Ville d'Italie, dans la Toſcane, vers la ſource du Tibre. *Cluſium novum.*

Choiſi, nom de pluſieurs Terres ou Villages de France. *Cauciacum.*

La Choiſille, petite Riviére de Touraine, qui tombe dans la Loire de fort près & au-deſſous de Tours. *Cuſilla.*

Choiſeuil, Village de Champagne, dans le Diocèſe de Langres, peu loin de la Meuſe. *Caſeolum.*

Choraſia ou Chéris, Village de la Turquie Aſiatique, ſur la côte occidentale de la Natolie. *Cios.*

Chorges, Ville de l'Embrunois, en Dauphiné. *Caturigomagus.*

Cialis, Roiiaume d'Aſie, dans la grande Tartarie. *Iſſedonia Scythica.*

Cialis, Ville d'Aſie, dans la grande Tartarie, Capitale du Roiiaume de même nom. *Iſſedon Scythica.*

Cilli ou Cillei, Ville d'Allemagne en Autriche, dans la Stirie, Capitale du Comté de même nom. *Ad Cetium Montem.*

Cimiès, Ville d'Italie, dans le Comté de Nice en Piémont. *Cemelenum.*

Cingolo, Ville d'Italie, dans la Marche d'Ancône, ou dans le Principat. *Cingulum Picenum.*

Cinei, Bourgade du Condros, au paiis de Liége. *Cenaeum Condruſiorum.*

Cinoſſa, ruines d'une ancienne Ville, dans l'Iſle de Candie. *Gnoſſus.*

La Ciotat, petite Ville de la Provence méridionale, dans le Diocèſe de Marſeille. *Tauroïs, entos*; *Taurentum*, ou *Taurenta.*

Cinq-Egliſes, Ville de la Turquie Européane, dans la Hongrie. *Peuce.*

La Circaſſie & autres Régions voiſines, dans la Turquie Aſiatique. *Comania.*

Circeſter, Ville d'Angleterre, dans la Mercie. *Corinium*, ou *Durocornovium Dobunorum.*

Cirenza. *Voiez*, Acérenza.

La Ciſſe, petite Riviére de Touraine, qui entre dans la Loire, un peu au deſſus de

Tours. *Sicera. Sicia. Sisara.*

Citta Castellana, Ville d'Italie en Toscane, dans le Patrimoine de Saint Pierre, sur le Tibre, entre Rome & Orta. *Falisca*, autrement *Faliscos nova Etruscorum*, ou *Colonia Junonia.*

Citadella, Ville de l'Isle de Minorque une des Baléares, dans la Méditerranée, proche l'Espagne. *Polidion*, ou *Civitatula.*

Citta di Solé, Ville d'Italie, dans la Romagne. *Solona Lingonum Transductorum.*

Cividado, petite Ville d'Italie, dans l'Etat de Venise, sur l'Oglio, au dessus du Lac d'Iséo. *Vannia Euganeorum.*

Civita ou Civitaté, petite Ville d'Italie, dans le Basilicat ou dans le Capitanat. *Teanum Apulum.*

Civita d'Antia, Ville d'Italie, dans l'Abrusse. *Anxantium.*

Civita Carentia, Ville d'Italie, dans la Campagne de de Rome. *Carseoli.*

Civitad di Friuli, Ville d'Italie, dans l'Etat de Venise. *Forum Julii Carnorum.*

Civita di Penna, petite Ville d'Italie, dans l'Abrusse. *Pinna Vestinorum.*

Civita Vecchia, Ville maritime d'Italie en Toscane, dans le Patrimoine de S. Pierre. *Centum Cella.*

Civitella d'Arno, petite Ville d'Italie, dans la Toscane. *Arna.*

La Ciutat ou la Cioutal, Village de Gascogne, dans l'Eausan, proche Eause. *Elusa Vetus.*

Clagenfurt, Ville d'Allemagne, en Carinthie, dans les Etats d'Autriche, proche la Drave. *Claudia*, ou *Claudivium Noricorum.*

Le Clain, Riviére de France, dans le Poitou, qui tombe dans la Vienne au dessus de Chatelleraud. *Clenus.*

Clameci, Ville du Nivernois, sur l'Ionne. *Climiciacum.*

Clausembourg, Ville de la Turquie Européane, dans la Transilvanie. *Napuca Jazygum.*

Clausembourg. *Voiez*, Colosvar.

Clermont, Ville de France, Capitale d'Auvergne. *Augustonemetum Arvernorum.*

Clichi en Aunai, Village à deux lieues de Paris, en tirant du côté de Meaux. *Clipiacum Alnetense.*

Clichi-la-Garenne, Village sur la Seine, à deux petites lieues de Paris. *Clipiacum Cuniculosum.*

Clichi-sur-Seine, Village à deux lieues de Paris, en tirant du côté d'Argenteuil. *Clipiacum Ripense.*

Clichi ou Saint Ouen, Village de l'Isle de France, proche Paris, sur la Seine, à une petite demie lieue de Saint Denis. *Clipiacum.*

Clinchamps, Village de Normandie & de Champagne. *Agelli.*

Clissa, Château de la Turquie en Europe, dans la Dalmatie. *Andetrium.*

Clitorp, Village du Cotentin. *Villula*, ou *Viculus Unellorum.*

Clocento, Ville ou Village d'Italie, dans la Calabre. *Numistro Bruttiorum.*

Cluid, petite Riviére d'Ecosse. *Glota.*

Cluni ou Clugni, Ville du Mâconois en Bourgogne, sur la grande Grône. *Cluniacus.*

Coblens, Ville de la haute Allemagne, dans l'Electorat de Trèves, à la chute de la Moselle dans le Rhein. *Confluentes Mosellæ.*

Coça, Ville d'Espagne, dans la Castille, sur l'Eresma, proche Ségovie. *Cauca Vaccaorum.*

Cochel, petite Ville d'Allemagne, dans la Baviére ou dans la Souabe. *Coveliacæ Vindelicorum.*

Le Cochilé, petite Riviére d'Italie, dans la Calabre. *Sybaris.*

La Cochinchine, Roiiaume de l'Inde Orientale. *Annana* ou *Annamitica Austrina*, autrement *Sindi.*

Cognac, Ville d'Angoumois, sur la Charente. *Coniacum Pictonum.*

Cogni, Ville de la Turquie Asiatique dans la Caramanie, Province de la Natolie. *Iconium.*

Coimbre, Ville d'Espagne en Portugal, dans la Province de Beira, sur le Mondégo. *Conimbrica nova*, ou *Æminium.*

Coire ou Cur, Ville d'Allemagne, Capitale des Grisons, dans les Etats Suisses, sur le Rhein. *Curia Lepontiorum.*

Colchester, Ville d'Angleterre, dans l'Essex. *Colonia Trinobantum.*

Cole, Village de Normandie, dans le Paiis de Caux. *Poyche*, ou *Frigida.*

Coligni, nom de Village ou de Terre en France. *Colliniacum.*

Colioure, Ville maritime de France, dans le Roussillon. *Caucoliberis.*

Colisano, Ville ou Village de Sicile. *Paropus.*

Colmar, Ville de France, en Alsace, sur le Lauch. *Columbaria Rauracorum.*

Colmars, Ville de Provence, sur le Verdon. *Colmartium.*

Le Col de Pertus, dans le Roussillon. *Ad Pyrenæum.*

Coln. *Voiez*, Kelen.

Cologne, Ville de la haute Allemagne, sur le Rhein. *Colonia Agrippinensis Ubiorum.*

Colombei, Village de Lorraine, dans le Toulois. *Columbarium Tullense.*

La Colonna, Ville d'Italie, dans la Campagne de Rome, ou dans la Terre de Labour. *Labici.*

Colosvar ou Clausembourg, Ville de la Turquie Européane, dans la Transilvanie, sur le petit Samos. *Claudiopolis*, ou *Patruissa.*

Coluri, Isle de la Turquie Européane, dans la Méditerranée, proche d'Astines, dans le Golfe d'Engia. *Salamis.*

Comaiagua, ou Valladolid, Ville de l'Amérique, dans le Honduras Province du Méxique méridional. *Comœaca.*

Combeaux, Village de l'Isle de France, dans la Brie, au voisinage de la Queu. *Combelli.*

Combe Julienne, colline ou vignoble de France, dans les Sevennes, proche d'Alais. *Alesia Mandubiorum.*

Commerci, petite Ville de Lorraine, dans le Païis de Béden, sur la Meuse. *Commerciacum*, ou *Commarchia.*

Le Comenolitari ou la Thessalie, Province de la Turquie Européane. *Thessalia.*

Le Cominge, Païis & Comté de France, dans la Gascogne, autour de Saint Bertrand. *Vocates. Convena.*

Comore, Ville de la Turquie Européane, dans la Hongrie, en la grande Shut, sur le Danube. *Brigæcium*, ou *Comaria.*

Compiegne, Ville du Soissonnois, dans l'Isle de France, sur l'Oise, au dessous de l'embouchure de l'Aîne. *Compendium*, ou *Carlopolis Suessionum.*

Forét de Compiegne. *Cosia Sylva.*

Compostelle, Ville d'Espagne en Galice. *Iria Flavia.*

Le Comté Nantois, Païis de France, en Bretagne. *Nannetes.*

Le Comté de Nice, Païis d'Italie, dans le Piémont. *Vediantii.*

Conche, Ville de la grande Tartarie, dans le Roïiaume de Cialis. *Cucia.*

Concressant, petite Ville de France, dans le Berri, sur la Sauldre. *Concurcallum*, ou *Concorcellum.*

Condac, Village du Poitou, sur la Charente, au confluent de la Péruse. *Condate ad Carantonum.*

Condé, Ville d'Allemagne, dans les Païis-Bas, au confluent de la Haine & de l'Escaut. *Condate Hagina.*

Condé, Village du Mulcien, à la droite du confluent du petit Morin dans la Marne. *Condate ad Matronam.*

Condé, Village du Mulcien, à la gauche du confluent du petit Morin dans la Marne. *Condate ad Mucram minorem.*

Condé, Village du Perche, sur l'Huigne, entre Rémalar & Nogent-le-Rotrou. *Condate Perticum.*

Condé sur Aine, Village du Soissonnois, au confluent de la Vêle & de l'Aîne. *Condate Suessionum.*

Condé Saint-Libiaire, Village du Mulcien, au confluent du grand Morin & de la Marne. *Condate ad Mucram majorem.*

Condé sur Noireau, Bourg de Normandie, dans le Bocage, au confluent de la Druance & du Noireau. *Condate Biducassium.*

Condé sur Sarte, Village des Marches Normandes, à une lieue d'Alençon, proche le confluent de la Lardronniere. *Condate Sagiorum.*

Condom, Ville de France, en Gascogne, Capitale du Condomois, peu loin de la Baise. *Condomum Nitiobrigum.*

Le Condomois, Province de France, dans la Gascogne. *Nitiobriges Campestres.*

Le Condros, canton de la basse Allemagne, qui s'étend dans les Paiis de Liége, de Namur, & de Luxembourg. *Condrusii.*

Le Condros, quartier du Paiis de Liége, qui s'étend à l'Est de la Meuse, depuis Liége jusqu'à Dinant. *Condrusii.*

Cone, Ville de l'Orléanois, dans la Puisaie, sur la Loire. *Condate ad Noianum.*

Conflans, Ville du Comté de Bourgogne septentrional, au confluent de l'Augrogne & de la Lanterne. *Confluens.*

Conflans, Ville de Lorraine, dans le Barrois, au confluent du Longueau & de l'Orne. *Confluens Leucorum.*

Conflans, Ville de Savoie, au confluent du Doron & de l'Isere. *Confluens Allobrogum.*

Conflans-l'Archevêque, Village de la Banlieuë de Paris, au confluent de la Marne & de la Seine. *Confluens Matronæ.*

Le Conflans, canton du Roussillon. *Vallis Confluens.*

Conflans-Sainte-Honorine, Village de l'Isle de France, au confluent de l'Oise & de la Seine. *Confluens Isaræ.*

Conflandei, Ville du Comté de Bourgogne septentrional, au confluent de la Lanterne & de la Sône. *Confluens Laternæ.*

Confolans, petite Ville du Limosin, au confluent de la Goire & de la Vienne. *Confluentes Lemovicum.*

Confolant, Village de l'Auvergne septentrionale, au confluent de Jarza & de la Sioule. *Confluens Arvernorum.*

Confoulants, Bourg du Dauphiné, au confluent de l'Isere & du Rhône. *Confluentes Segalaunorum.*

Congleton, Village ou petite Ville d'Angleterre, dans la Mercie. *Condate Cornaviorum.*

Le Congo, Province d'Afrique, dans la Guinée. *Æthyopia Hesperia.*

Conigingretz, Ville d'Allemagne, dans la Bohême. *Reginogradecium.*

Constance, Ville d'Allemagne, dans la Souabe, sur le Lac de son nom. *Constantia.*

Constantine, Ville d'Afrique, en Barbarie, dans le Roiiaume d'Alger. *Cirta Julia.*

Constantinople, Capitale de la Romanie & de toute la Turquie Européane, sur la Mer de Marmora, à l'entrée du canal de la Mer Noire. *Constantinopolis*, autrement *Anthusæ*, *Antoninia*, *Byzantium*, ou *Lygos.*

Conza, Ville d'Italie, dans le Principat, vers la source de l'Ofanto. *Compsa Hirpinorum.*

Copenhague, Capitale de l'Isle de Séeland, dans la Mer Baltique, & de tout le Roiiaume de Danemarc. *Hafnia.*

Coperberg ou Fahlun, Ville de Suède, Capitale de la Dalécarlie. *Cuprimontium.*

Le Corace, petite Rivière d'Italie, dans la Calabre. *Crotalus.*

Coranto, Ville de la Turquie Européane, dans la Morée, au Duché de Clarence. *Corinthus*, autrement *Ephyra*, ou *Laus Julia.*

Le Corasan, Province de Perse. *Bactriana*, ou *Parthia.*

Corbeil, petite Ville de l'Isle de France, sur la Seine. *Corbolium Parisiorum.*

Corbie, Ville de Picardie, sur la Somme, au dessus d'Amiens. *Corbeia Ambianorum.*

La Vallée de Corbieres, dans le Languedoc, entre Narbonne & Besiers. *Vallis Corbariensis.*

Corboli. *Voiez*, Cerboli.

Cordone, petite Ville d'Espagne, dans la Catalogne. *Udura Lacetanorum.*

Cordoue, Ville d'Espagne, dans l'Andalousie, sur le Guadalquivir. *Corduba nova.*

La nouvelle Cordoue, Ville de l'Amérique méridionale, au Pérou, dans la nouvelle Andalousie. *Comana.*

Cordoue-la-vieille, Village d'Espagne, dans l'Andalousie, à une lieue de Cordoue. *Corduba vetus*, ou *Colonia Patricia.*

Corène, Ville d'Afrique, en Barbarie. *Cirene.*

Corfou, Isle de la Turquie Européane, dans le Golfe de Venise. *Corcyra Phaacia*, ou *Drepane.*

Cori, Ville de la Turquie Asiatique, dans la Géorgie. *Goridis.*

Cormion, lieu de la Natolie occidentale, sur le Bosfore, tout près du Golfe Manoli. *Ciconium.*

Cormons, Château d'Italie, dans l'Etat de Venise. *Cormones.*

Cornbourg, Ville ou Village d'Allemagne, dans l'Archiduché d'Autriche, peu loin de Vienne, au-de-là du Danube. *Carrodunum Noricorum.*

Corniéville, Village ou Terre de Lorraine, au Paiis de Carme. *Corniaca villa.*

Cornouailles, Paiis de France, dans la Bretagne. *Cornu Galliæ*, *Curiosolites*, ou *Arvii.*

Coro, ville de l'Amérique méridionale en la Terre Ferme, dans le Venezuéla. *Venetiola.*

Coron, Ville de la Turquie Européane, en Morée, dans le Belvedere. *Corone*, ou *Pedasus.*

Corèse ou Curèse, Ville d'Italie, dans la Sabine. *Cures Sabinorum.*

Corse, Isle d'Europe, dans la Méditerranée, proche l'Italie, vis-à-vis de la Toscane. *Cyrnos*, ou *Mantini.*

Corsieu, Village de Lorraine, dans le Chaumontois. *Curticula.*

Cortélazo ou Serpentéra, petite Isle d'Europe, dans la Méditerranée, aux environs de la Sardaigne. *Ficaria.*

La Corugna ou la Corogne,

Port d'Espagne, en Galice. *Flavium Brigantium*, ou *Caranium*, ou *Turonium*.

Corugna. *Voiez*, Crugna.

Cosenza, Ville d'Italie, Capitale de la Calabre, sur la Busence. *Consentia.*

Coso, Ville d'Allemagne, aux Etats de Suisse, dans le Paiis des Grisons. *Cutia Lepontiorum.*

Cossir, Paiis d'Egypte, dans le Saïd. *Berenicea.*

Costa-Rica, Province de l'Amérique septentrionale, dans le Méxique méridional. *Ora Dives.*

La Côte d'Abex, dans l'Afrique méridionale, sur la Mer Rouge. *Trogloditica Regio.*

La Côte d'Ajan, dans l'Afrique méridionale. *Azania.*

Le Cotentin, Paiis de France, dans la Normandie. *Unelli.*

Cotloca, Ville de la grande Tartarie, dans le Turquestan. *Cotanum.*

Coubridge, petite Ville d'Angleterre, dans le Paiis de Galles. *Bovium Silurum.*

Couci, Ville & Village de la Picardie Françoise, dans le Diocèse de Laon. *Codiciacum*, ou *Cociacum.*

Couci, Village de l'Isle de France, dans le Laonois, entre Laon & l'Oise. *Codiciacum Suessionum.*

Coucouhoton, Ville de la grande Tartarie, dans le Roiiaume de Tangut. *Cocotanum.*

Le Cour, Riviére d'Asie, qui vient de Géorgie, coule entre le Sirvan & l'Arménie, reçoit l'Aras, & tombe dans la Mer Caspienne. *Cyrus*, ou *Agradatus.*

Courbeiaux, Village ou Terre de Lorraine, dans le Chaumontois. *Curva Salix.*

Courcelle, Village ou Terre de plusieurs Provinces de France. *Corticella.*

Cournon, Village en Auvergne, aux environs de Clermont. *Crodomnum.*

Courens ou Corrmakes, en Provence, sur la petite Riviére d'Argens. *Cyrene.*

La Courrèse, petite Riviére de France, dans le Limosin, qui tombe dans la Vezere & celle-ci dans la Dordogne. *Curretia.*

La Court, Village ou Terre de Normandie. *Cors.*

Courteaux, Village ou Terre de Normandie. *Cortella.*

Courtil, Village ou Terre de Normandie. *Cortile.*

Courtrai, Ville de Flandre, sur la Lis. *Cortoriacum.*

Le Couserans, canton de Gascogne. *Consorrani.*

Coutances, Ville de France, en Normandie, Capitale du Cotentin. *Flavia Constantia Unellorum*, ou peut-être *Crociatonum.*

Couverpuis, Village de Lorraine, dans le Barrois, sur un ruisseau qui tombe dans la Saux. *Puteus coopertus.*

Couvin, Bourgade du Lomme au paiis de Liége, dans les forêts des Ardennes, entre Fumai & Chimai, vers la Meuse. *Cubinium*, ou *Cuvinum.*

Couvonge, Village de Champagne, dans le Perthois, sur la Saux. *Cupedonia.*

Crac, Ville de la Turquie Asiatique, dans l'Arabie. *Cyriacopolis,* autrement *Petra* ou *Mons Regalis Arabum.*

Cracovie, Ville de Pologne, Capitale du Palatinat de même nom, sur la Vistule. *Carrodunum Bastarnarum.*

La Crau, terrain pierreux entre Salon & Martigues. *Campi lapidei.*

Le Cratté, petite Riviere d'Italie, dans la Calabre. *Crathis.*

Creil, Village de l'Isle de France, dans le Beauvaisis. *Credilium Bellovacorum.*

Crème, Ville d'Italie, dans l'Etat de Venise, Capitale du Crémasc. *Forum Juturtorum.*

La Crimée, presqu'Isle de la petite Tartarie, dans la Turquie Européane, sur la Mer Noire. *Chersonesus Taurica,* ou *Crimæa.*

Crest, Ville du Valentinois, sur la Droume. *Crista Segalaunorum.*

Cressetot ou Cristot, Village de Normandie. *Crassi,* ou *Christi Tofta.*

Cretteville, Terre Seigneuriale de Normandie. *Crotævilla.*

Creulli, Bourg de France, en Normandie, dans le Bessin, proche Baieux. *Curleium.*

Criquebeuf, Village de Normandie. *Templivilla.*

Criquetot, Village de Normandie. *Templitofta.*

La Croatie, partie de la Turquie Européane, dans la Dalmatie. *Corbavia. Liburni.*

Crocha, petite Riviére d'Italie, dans la Calabre. *Arocha.*

Croie, Ville de la Turquie Européane, dans l'Albanie, sur le Lizano. *Antigonia,* autrement *Corrhagum,* ou *Eribæa.*

Le Croisic, petit Port de Mer, dans le Comté Nantois, proche de l'embouchure de la Loire. *Brivates Portus.*

Croisilles, Village du Bessin, dans la Normandie occidentale, entre l'Orne & la Laise. *Corilisum.*

Cronebourg, Ville maritime de Séeland Isle de la Mer Baltique, proche Helseneur, sur le Sund. *Coronæburgum.*

Cronstat. *Voiez*, Brassau.

Crotone, Ville maritime d'Italie, dans la Calabre, à l'entrée du Golfe de Tarente. *Croto.*

La Crou, petite Riviére de l'Isle de France, qui passe à Saint Denis. *Crodoldus.*

Crugna ou Corugna del Condé, Village d'Espagne, dans la Castille, sur le Douro. *Clunia Sulpicia.*

Cubéibi, Ville de la Turquie Asiatique, dans la Palestine. *Emaus.*

Cucullo, petite Ville d'Italie, dans l'Abrusse. *Cuculum Marsorum.*

Cuensa, Ville d'Espagne, dans la Castille. *Valeria,* ou *Concha Celtiberorum.*

Cuise, Village de l'Isle de France, entre Compiegne & Soissons. *Cosium.*

Cullei, Village ou Terre de Lorraine, dans le Barrois. *Cuſſiliacum.*

Cunzan, Roiiaume d'Aſie, dans l'Inde occidentale. *Cuncania.*

Curèſe. *Voiez*, Corrèſe.

Curzola, Iſle d'Europe, dans la Méditerranée, le long des côtes de Dalmatie, proche l'Iſle de Méléda. *Corcyra Melæna.*

Le Cuſiſtan, Province de Perſe. *Suſiane.*

Cutaige, Ville de la Turquie Aſiatique, dans la Natolie propre. *Cotyaion.*

Cypre, Iſle d'Aſie, dans la Méditerranée. *Acamantis*, autrement, *Colinia*, *Cryptus*, *Cyprus*, ou *Macaria.*

# D.

DAGONVILLE, Bourg & Village de Lorraine, dans le Barrois, ſur l'Air. *Drogonis Villa.*

Dahlan, Ville des Jousbecs, dans la grande Tartarie. *Taraſia.*

Damas, Ville de la Turquie Aſiatique, dans la Sourie. *Damaſcus.*

Dammarie, Village de Lorraine, dans le Barrois, proche de la Saux. *Dominium Mariæ.*

Dammartin, Bourg de l'Iſle de France, dans la Goële. *Dominium Martini.*

Damiète, Ville d'Afrique, en Egypte, ſur la Méditerranée. *Thamiatis.*

Damgilon, ou Dangilon, petite Ville du Berri. *Dominium Gilonis.*

Dancaſter, petite Ville d'Angleterre, dans le Northumberland, ou dans le Paiis de Galles. *Danum Brigantum.*

Le Danube, Fleuve d'Allemagne, & de la Turquie Européane, qui tombe dans la Mer-Noire. *Danubius*, ou *Iſter.*

Danzic, Ville de Pologne, Capitale de Pruſſe. *Gedanum* ou *Scurgium.*

Dardanele d'Aſie, Château de la Turquie Aſiatique, dans la mer Méditerranée, ſur le détroit de même nom. *Abydos nova.*

Dardanele d'Europe, Château de la Turquie Européane, dans la mer Méditerranée, ſur le détroit de même nom. *Seſtos nova*, ou *Poſidonium.*

Darneuil, Village de Lorraine, dans le Paiis de Mircourt. *Darnolium.*

Le Daumignon, petite Riviére de France, en Picardie, qui paſſe à l'Abbaye de Vermand, & tombe dans la Somme. *Dalmannio.*

Dax. *Voiez*, Acqs.

Décan, Roiiaume d'Aſie, dans l'Inde occidentale. *Omenogaria.*

Deciſe, Ville du Nivernois, ſur la Loire. *Decetia.*

Déémuth, petit Golfe d'Angleterre, au Paiis de Galles, où ſe décharge la Dée. *Seteia.*

Déli, Roiiaume d'Aſie, dans l'Inde occidentale. *Adiſathria.*

Déli, Ville d'Aſie, Capitale du Roiiaume de même nom, dans

dans l'Inde occidentale. *Adisathra.*

Demange aux Vaux, Village de Lorraine, dans l'Ornais. *Dominica Vallensis.*

Dendermonde, Ville de Flandre, sur l'Escaut, à l'embouchure du Dender. *Tenera Ostium.*

Deneuvre, Bourg de Lorraine, dans le Leuquois, sur la Meurte. *Danubrium.*

Dénia, Ville maritime d'Espagne, dans le Roiiaume de Valence. *Dianium Contestanorum*, ou *Hemeroscopium.*

Densen, Village de la haute Allemagne, entre Numagen & Binch, au dessous de Kireberg. *Dumnissus*, ou *Dumnus Treverorum.*

Déonville, Village de Lorraine, dans l'Ornais. *Dohudi Villa.*

Derbent, Ville du Sirvan, dans la Perse. *Caspia Claustra*, autrement, *Caspia Porta.*

Le Dervent, Montagne de la Turquie Européane, dans la Romanie. *Rhodope.*

Dervent, Ville ou Village d'Angleterre, dans le Northumberland. *Derventio Brigantum.*

Le détroit de Babelmandel, passage de la Mer Rouge, dans l'Océan, entre l'Afrique & l'Asie. *Fretum Dereum.*

Le détroit de Caffa, qui sépare les deux Turquies, & fait la communication entre la Mer de Zabache & la Mer Noire. *Fretum Cimmerium.*

Le détroit de Constantinople, ou le Canal de la Mer Noire, entre la Romanie en Europe, & la Natolie en Asie. *Fretum Mysium.*

Le détroit de Gibraltar, entre l'Europe & l'Afrique, à l'embouchure de la Mer Méditerranée. *Fretum Gaditanum*, ou *Herculeum.*

Déventer, Ville d'Allemagne, dans les Païs-Bas, sur l'Issel. *Deventria.*

Dhafar, ou Tacseb, Ville de la Turquie Asiatique, dans l'Iémen Province de l'Arabie. *Sabé.*

Diacibisa, Ville de la Natolie, dans le Golfe d'Isnimigid, fameuse par le tombeau d'Annibal. *Libyssa.*

Diamant, Ville de la grande Tartarie, dans le Païs des Calmoucs. *Atmasia.*

Die, Ville de France, dans le Dauphiné, sur la Drome. *Dea Vocontiorum.*

Dieppe, Ville de Normandie, au Païs de Caux. *Cælopolis*, ou *Deppa Caletorum.*

Diésen, ou Tiessen, Ville ou Village d'Allemagne, dans la Baviére, ou dans la Souabe. *Pontes Tessenii*, ou *Tessenini Vindelicorum.*

Dieulouart, Bourg de Lorraine, dans le Scarponois, proche de la Moselle. *Deslovardum.*

Dieuse, petite Ville de France, en Lorraine, dans le Saunois, sur la Seille. *Decem pagi Mediomatricorum.*

Digne, Ville de France, en Provence. *Dinia.*

Dijon, Ville de France, Capitale du Duché de Bourgogne, au confluent de l'Ouche & du Suson. *Divio Lingonum.*

Le Dijonois, canton de la Bourgogne occidentale. *Lingones Divionenses.*

Dinant, Ville du Paiis de Liége, sur la Meuse. *Deonantum.*

Le Diois, Paiis de France, dans le Dauphiné. *Vocontii Deenses.*

Le Divenou, embouchure orientale de l'Oder Fleuve d'Allemagne, qui tombe dans la Mer Baltique. *Viadrus.*

Dixmude, Ville de Flandre, sur l'Iser. *Dicasmuda.*

Le Dogat, Paiis d'Italie, dans l'Etat de Venise. *Heneti.*

Les Dofrins, Montagnes d'Europe, entre la Norvége & la Suede. *Sevo*, *Suevo*, ou *Alpes Suevicæ.*

Le Doit, petit Ruisseau de France, en Normandie, dans le Bessin, où il passe à Biéville, & se jette dans l'Orne, entre Caen & la mer. *Ductus.*

Dol, Ville de France, en Bretagne. *Neodunum Rhedonum.*

Le Dolap. *Voiez*, le Parténi.

Dole, Ville de France, dans la Franche-Comté, sur le Doux, dans un canton qu'on appelloit *le Val d'Amours*, à cause de sa beauté & de sa fertilité. *Dolum*, ou *Dola Sequanorum.*

Doltabad, Ville de l'Inde occidentale, en Asie, dans le Roiiaume de Balaguete, Province du Roiiaume de Décan. *Tabaso.*

Dombâle, en Chaumontois, dans la Lorraine, sur la Meurte. *Basoli Dominium Calvomontense.*

Dombâle, en Mircourt, dans la Lorraine, sur les frontiéres du Portois Bourguignon. *Basoli Dominium Mercuriense.*

Dombâle, en Saintois, dans la Lorraine, sur les frontiéres du Paiis de Mircourt. *Basoli Dominium Segintense.*

La Dombe. *Segusiani Dombense.*

La Dombe, canton de la Bresse. *Sequani Dombenses.*

Dommart, Bourg de Picardie, dans le Ponthieu. *Dominium Medardi.*

La Dommèle, petite Riviére de la Campigne, dans la basse Allemagne, qui passe à Bôleduc. *Dutmala.*

Domèvre, Abbaiie de Lorraine, dans le Blanmontois, sur la Vesouse. *Dominium Apri.*

Domo d'Oscéla. *Voiez*, Osula.

Dompaire, Petite Ville de Lorraine, dans le Paiis de Mircourt. *Donoparium.*

Le Don, Fleuve de la grande Russie, qui roule ses eaux dans la Mer de Zabache partie de la Mer Noire. *Tanais.*

Donqueurre, Village de Picardie. *Duroicoregus.*

Le Dorat, Ville de la Marche. *Scotoria.*

Dorchester, Paiis & Comté d'Angleterre, dans le Vestsex. *Durotriges.*

Dorchester, Ville d'Angleterre, dans le Vestsex, Capitale du Comté de même nom. *Durnium*, ou *Durnovaria Durotrigum.*

La Dordogne, Riviére de France, qui joint la Garone, dans la Guiéne. *Duranius.*

Dordrec, Ville de Hollande, au confluent du Lec & de la Meroue. *Dora Trajectus.*

Dormeil, Bourg du Gatinois, sur la Ravanne. *Vromela.*

Le Dormois, ou Doulmois, canton du Bassigni, qui s'étend depuis Cernai en Dormois, à huit lieues de Reims, jusqu'au de-là de la Meuse, & à Dun. *Pagus Dolomensis*, ou *Dolcomensis.*

Dornoc, Ville de la grande Bretagne, en Ecosse. *Dunrodunum.*

Dorsmunde, Village de Hollande, peu loin de Dordrec. *Dora Ostium.*

Douai, Ville d'Allemagne, dans les Païis-Bas, sur la Scarpe. *Duacum.*

La Douine, Fleuve de la grande Russie, qui se mêle dans la Mer-Blanche. *Duina.*

Doulens, ou Dourlens, Ville de Picardie, sur l'Authie. *Donincum*, ou *Doningium.*

Le Dou, petite Riviére de France, dans le Comté de Bourgogne, qui tombe dans la Sône. *Dubis.*

Doun, Ville d'Irlande, une des grandes Isles Britanniques. *Dunum.*

Dourdan, Ville du Gatinois, sur l'Orge. *Dordinga.*

Douriers, Village de Picardie. *Adlulliana*, ou *Adullia.*

Le Douro, Fleuve d'Espagne, qui tombe dans l'Océan sur les côtes de Portugal. *Durius.*

Dousi, Bourg sur le Chiers, entre Ivoix & Sédan, aux frontiéres du Luxembourg & de la Champagne. *Dusiacum Treverorum.*

Douvre, Village de France, en Normandie, dans le Bessin, à deux lieues & demie de Caen, & à une demie lieue de la mer. *Dubris Viducassium.*

Douvre, Ville maritime d'Angleterre, au Païis de Kent dans le Sussex. *Dubris Cantiorum.*

La Dragonéra, méchant écueil d'une lieue de tour, dans l'Archipel de la Méditerranée, à une petite demie lieue de Micouli. *Tragonesus.*

Le Drave, Riviére d'Allemagne, qui se jette dans le Danube. *Dravus*, *Draiis.*

Dreux, Ville du Païis Chartrain François, dans le Drugesin. *Castrum Durocassium.*

Le Dron, petite Riviére qui tombe dans la Moselle. *Drahon.* Peut-être est-ce celle qui s'embouche peu au dessous de Numagen, après avoir passé à Dronecken & à Traun, dans l'Electorat de Trêves.

La Droume, petite Riviére de France, qui tombe dans le Rhône en Dauphiné. *Druna.*

Drubec, Village de Normandie. *Quercetum Ripense.*

Le Drugesin, canton du Païis Chartrain, dans l'Isle de France. *Carnutes Durocasses.*

C'eſt tout l'Archidiaconé de Dreux.

Dublin, Ville d'Irlande, grande Iſle Britannique, Capitale du Leinſter. *Eblana.*

Duéme, Ville de Bourgogne, dans le Duênois, ſur la Seine. *Duſma.*

Duerſtede. *Voiez*, Vic Durſted.

Durſtnagen, Village de la haute Allemagne, entre Nuis & Cologne. *Durnomagus Vbiorum.*

Duisbourg, Ville de Weſtphalie, au Comté de Berg. *Diſpargum.*

Duiz, petite Ville de la haute Allemagne, proche Cologne. *Deuſon Vbiorum.*

Dulcigno, Ville maritime de la Turquie Européane, dans la Dalmatie. *Olcinium*, ou *Olchinium.*

Dun, ou Don le Roi, Ville de Berri. *Dunum Cuborum.*

La Duna, Fleuve de Pologne, qui ſe perd dans la mer Baltique. *Rubo.*

Le Dunois, canton de l'Orléanois. *Carnutes Dunenſes.*

La Durance, Riviére de France, qui entre dans le Rhône en Provence. *Druentia.*

Duranté, Château d'Italie, dans la Calabre, ſur le Marro. *Vrbinum Metaurenſe.*

Durazzo, Ville de la Turquie Européane, dans l'Albanie, ſur la Riviére d'Argent. *Dyrrachium*, ou *Epidamnum*, ou *Epidamnus.*

Le Durdan, petite Riviére du Paiis de Caux, qui paſſe à Cani & à Viteſleur, & tombe dans la Manche. *Durdanius. Viteſleda. Leucocymatis.*

Duren, petite Ville ou Village de la haute Allemagne. *Marcodurum*, ou *Marcomagus Vbiorum.*

Dutlingen. *Juliomagus.*

# E.

EAUSE petite Ville de France, dans la Gaſcogne. *Eluſa nova.*

L'Eauſan, canton de la Chaloſſe, ou de l'Armagnac, en Gaſcogne. *Eluſates.*

Eberdof. *Ala nova*, en Autriche, ſur le Danube.

L'Ebre, Fleuve d'Eſpagne, qui ſe décharge dans la Méditerranée. *Iberus.*

Ebreule, petite Ville d'Auvergne, ſur la Sioule. *Eborolacum Arvernorum.*

Les Ebudes, deux petites Iſles Britanniques, principales des Veſternes, au Nord de la grande Bretagne, proche l'Ecoſſe. *Ebuda*, ou *Ebudes.*

Echternac, petite Ville d'Allemagne, dans les Paiis-Bas, ſur la Sour. *Epternacum.*

Ecija, Ville d'Eſpagne, dans le Roiiaume de Grenade, ſur le Xénil. *Aſtigi*, ou *Colonia Auguſta Firma.*

L'Eden, petite Riviére d'Angleterre, dans le Cumberland Paiis du Northumberland. *Ituna.*

L'Eder, petite Riviére d'Allemagne, dans la Heſſe, qui tombe dans le Veſer. *Adrana.*

Edimbourg, Ville de la grande Bretagne, Capitale d'Ecosse. *Alata castra.*

Edrington, petit Village d'Angleterre, avec un Port dans le Sussex. *Adurnum.*

Egina, Isle de la Turquie Européane, entre la Livadie & la Morée, dans le Golfe d'Egina. C'étoit une des Ciclades. *Ægina.*

L'Egypte, partie de l'Afrique. *Ægyptus.*

Egna, Château & Bourgade du Trentin, sur l'Adige, un peu au dessous de son confluent avec l'Eisoc. *Anavium.*

Einville au Jars, Bourg de Lorraine, dans le Leuquois, sur le Sernon. *Audoeni Villa.*

Eisleben, Ville d'Allemagne, en la Saxe méridionale, dans le Comté de Mansfeld. *Eislebia.*

Elba, petite Isle d'Europe, dans la Méditerranée, proche l'Italie, le long de la côte de Toscane. *Ilva*, ou *Æthalia.*

L'Elbe, Fleuve de l'Allemagne, qui s'embouche dans l'Océan. *Albis.*

Elbeuf, Bourg de Normandie, sur l'Elle petit ruisseau. *Ellæ Vicus.*

Elche, petite Ville d'Espagne, dans le Roiiaume de Valence. *Illice*, ou *Illici Contestanorum.*

L'Electorat de Tréves, province de la haute Allemagne. *Trevericus ager*, autrement *Treveri*, ou *Treviri.*

Eli, Village de Lorraine, dans la Voivre, sur la Meuse. *Alliacum.*

Ell, Village d'Alsace, près de Shélestat, sur l'Ill. *Hellelus*, *Elcebus*, *Helvetum*, ou *Elegium.*

Elne, petite Ville du Roussillon. *Helena Sardonum*, ou *Illiberis.*

L'Enne, petite Riviére du Paiis de Caux, qui se vuide dans la Seine à Duclair. *Enna.*

Elsas-Zabern. *Voiez*, Saverne.

Elsen, Riviére de Westphalie, autrement appellée l'Alm, qui tombe dans la Lippe, peu loin du Château d'Elsen & de la Ville de Paderborne. *Aliso*, ou *Alma.*

Elsen, Bourg & Château de Westphalie, au confluent de l'Alm & de la Lippe, à une demie lieue de Paderborne. *Aliso.*

Eltemberg, lieu du Paiis de Goiland, en Hollande, au voisinage de la Ville d'Emeric. *Altena.*

Embrun, Ville de France, en Dauphiné, sur la Durance. *Eburodunum Caturigum.*

L'Embrunois, canton de Dauphiné. *Caturiges Eburoduntii.*

Emden, Ville d'Allemagne, en Westphalie, dans l'Oost-Frise. *Amisia.*

L'Emmer, Riviére de Westphalie, qui a sa source au Village de Langeland, dans le Diocése de Paderborne, & tombe dans le Véser. *Ambra major.*

L'Emmer, autre Riviére de Westphalie, qui tombe dans la Vers, proche de Munster. *Ambra minor.*

L'Ems, petite Riviére d'Allemagne, dans la Westphalie, qui entre dans l'Océan. *Amisia*, ou *Amisius*.

Enghien, petite Ville de la basse Allemagne Méridionale, dans le Hainaut septentrional. *Angia*.

Engour. *Voiez*, Angora.

L'Ens, petite Riviére d'Allemagne, qui joint le Danube en Autriche. *Anasus*, ou *Anisus*.

Entraigues. *Voiez*, Antragues.

Entrames, Bourg du Maine, entre la Jouanne & l'Ouette. *Interamnium Cenomanorum*.

Entre Douro & Minho, Paiis d'Espagne, dans le Portugal. *Interamnium Callæcorum Bracarum*.

Entre Téjo & Guadiana. *Voiez*, l'Alentéjo.

Epernai, Ville de Champagne, sur la Marne. *Sparnacum*.

Epinal, Ville de Lorraine, au Paiis de Havend, dans le Chaumontois, sur la Moselle. *Spinalense castrum*.

Epône, Village de l'Isle de France, dans le Mantois, proche de la Maudre. *Spedotenum*.

L'Eraut ou l'Airou, petite Riviére de France, en Languedoc. *Arauris*, ou *Cyrtha*.

Erbel, Ville d'Asie, dans la Perse, sur les frontiéres de la Turquie Asiatique. *Arbela*.

Erford, Ville d'Allemagne, dans la Saxe Méridionale. *Mergisburgum*, ou *Argelia*.

Erival, Prieuré du Paiis d'Havend, en Lorraine, dans le Chaumontois. *Eugivaldi Vallis*.

Erivan. *Voiez*, Van.

Erlac, Village d'Allemagne, en Souabe, sur le Danube. *Elegium Noricorum*.

Erzerum, Ville de la Turquie Asiatique, dans la Turcomanie, Capitale de la grande Arménie, dans une presqu'Isle formée par les sources de l'Euphrate. *Sinera*, *Simira*, ou *Sinibra*.

L'Escaut, Riviére d'Allemagne, dans les Paiis-Bas, qui se décharge dans l'Océan par plusieurs bouches entre les Isles de la Zélande. *Scaldis*.

L'Esclavonie, Province de la Turquie Européane. *Pannonia Sirmiensis*, autrement *Savia*, *Saviensis*, *Valeria*, *Bubalia*, *Sabaria* ou *Amantina*.

Les Esclavons, peuples d'Esclavonie, dans la Turquie Européane. *Amantini*.

Eskihissar, place d'une ancienne Ville, dans la Turquie Asiatique, vers les côtes occidentales de la Natolie. *Laodicæa Caria*, ou *Phrygia*.

Eskissar, Ville de la Natolie, à quelques journées de Pruse. *Pessinûs*.

Esla, petite Riviére d'Espagne, qui tombe dans le Douro. *Estola*.

L'Espagne, une des grandes parties méridionales d'Europe. *Hispania*, autrement *Celtiberia*, *Hesperia ultima*, ou *Iberica*, ou *Iberia occidua*.

L'Espance, Village de Champagne, sur les frontiéres de la Bourgogne, proche de Bourbonne les Bains. *Spancia.*

Essec, Ville de la Turquie Européane, dans l'Esclavovonie. *Mursa.*

Essei, Village du Chaumontois, en Lorraine. *Axiagum.*

L'Essex, Province d'Angleterre. *Trinobantes.*

Essône, Village & Riviére du Hurepois Parisien. *Axona.*

Estaveaux, Village de Normandie. *Stavella.*

Este, Ville de l'Etat de Venise, en Italie, dans le Padouan. *Ateste.*

Estefe, Ville d'Afrique, dans la Barbarie. *Sitifi.*

Estelan, Seigneurie de Normandie, dans le Paiis de Caux, sur la rive orientale de la Seine. *Anatole Caletorum.*

Estépa, petite Ville d'Espagne, en Andalousie, dans le Territoire d'Ossone, proche Olivéra. *Ostippo.*

Estombar, ruines d'une ancienne Ville d'Espagne, en Portugal, dans les Algarves, proche Faro. *Ossonoba Vetus.*

L'Etampe, petite Riviére de Beauce, qui passe à Etampes & tombe dans l'Essône. *Stampa Gemina*, ou *Junna Stampensis.*

Etampes, Ville de Beauce, sur la petite Riviére de même nom. *Stampa Senonum.*

L'Etanche, Abbaiie de Lorraine, dans le Soulossois. *Stagnum Solecensium.*

L'Etang de Bages ou de Sigéan. *Lacus Rubrensis.*

L'Etang de Lates, en Languedoc, proche de Montpellier. *Latara.*

L'Etang de Leucate, ou de Salces, sur les confins du Languedoc & du Roussillon. *Sordice.*

L'Etang de Thau, sur les côtes de Languedoc. *Taurus Laterna.*

L'Etat de Gennes, Province de l'Italie septentrionale, sur la Méditerranée, le long du Golfe de Gennes. *Ligures*, ou *Liguria.*

Les Etats de Finlande, grande Province de Suéde. *Finningia.*

L'Etat de Venise, grande Province de l'Italie septentrionale, le long du Golfe de Venise. *Venetia.*

Etival, Abbaiie de Lorraine, dans le Chaumontois, proche de Moienmoutier, entre la Meurte & la Mortagne. *Stivagium.*

Etrehan, Village du Bessin, en Normandie, à l'embouchure de l'Orne. *Hesperia Ripensis Biducassium.*

Etrehan, autre Village du Bessin, dans les Terres. *Hesperia Campestris Biducassium*, proche la fosse du Souci, où l'Aure disparoit.

Etrepei, Village ou petite Ville de Lorraine, dans le Saintois. *Stirpiacus.*

Etreval, Village de Lorraine, dans le Saintois, sur le Brenon. *Stricta Vallis.*

Eu, Ville de France, en Normandie. *Auga*, *Augum*, ou *Aucum*, ou *Limonia*.

Le Comte d'Eu, Territoire de la Ville d'Eu, en Normandie, dans le Paiis de Caux. *Talogia Aucensis. Caletes pratenses*.

Eucour, Terre Seigneuriale de Normandie. *Praticors*.

Eugubio, Ville d'Italie, dans l'Ombrie. *Iguvium*.

Eulande, Terre Seigneuriale de Normandie, dans le Paiis d'Auge, entre la Marc-Aupoix & Angerville. *Pratensis Terra*.

Euménil, Terre Seigneuriale de Normandie. *Prati manile*.

Evisse ou Iviça, petite Isle d'Europe, dans la Méditerranée, proche l'Espagne. *Ebusus*, ou *Pityusa major*.

Evora de Alcobaça, petite Ville de Portugal, vers la côte. *Ebora*, ou *Eburobritium*.

Evora, Ville d'Espagne, en Portugal, dans l'Alentéjo. *Ebora*, ou *Liberalitas Julia Celticorum*.

L'Eure, petite Riviére de France, qui tombe dans la Seine, en Normandie. *Audura*, ou *Autura*.

L'Evrevin, Paiis de France, dans la Normandie. *Aulerci Eburovices*.

Evreux, Ville de France, en Normandie, sur la Touque. *Mediolanum Eburovicum*.

L'Europe, une des grandes parties du Continent des terres orientales. *Europa*, autrement *Celtica*, *Galatia*, ou *Tyria*.

L'Ex, petite Riviére d'Angleterre, dans le Vestsex; elle tombe dans la mer, au dessous d'Excester. *Isca*.

Excester, Ville d'Angleterre, dans le Vestsex. *Isca Damnoniorum*.

Exiles, petite Ville de France, dans le Dauphiné. *Ocelus*.

# F.

FABEMONT, en Lorraine, dans le Chaumontois. *Fabii Mons*.

Faberole, Village de Normandie. *Fabariola*.

Faenza, Ville d'Italie, dans la Romagne. *Faventia Lingonum*.

Fahlun. *Voiez*, Coperberg.

Faïd, Ville de la Turquie Asiatique, dans la Sourie. *Palmira*.

Fains, Village de Lorraine, dans le Leuquois, à quatre lieues & demie de Nas. *Fines Leucorum*.

Falari, ruines d'une ancienne Ville d'Italie, en Toscane, dans le patrimoine de Saint Pierre, proche Citta Castellana. *Falisca*, ou *Faliscos vetus Etruscorum*.

Falkembourg ou Kéier, petite Ville d'Allemagne, dans les Paiis-Bas. *Coriovallium Eburonum*.

Falléroni, petite Ville d'Italie, dans la Marche d'Ancône. *Falaria*, ou *Faleria Picentinorum*.

Falmout, Ville maritime d'Angleterre, dans le Vestsex. *Voliba Damnoniorum*.

Famagouste, Ville de l'Isle de

Cypre en Asie, dans la Méditerranée. *Fama Augusta*, autrement *Arsinoe Cypria*, ou *Hamacostos*.

La Famine, Païs de la basse Allemagne méridionale, dans une partie des Païs de Liége & de Luxembourg. *Falemannia*.

Fanar ou Fanari, Port de Nicaria, avec une Tour. *Dracanon*.

Fano, Ville maritime d'Italie, dans le Duché d'Urbin. *Fanum Fortunæ*, ou *Flavia Fanestris*.

Farfa, petite Riviére d'Italie, dans la Sabine. *Fabaris*, ou *Farfarus*.

Faro, Ville d'Espagne en Portugal, dans les Algarves. *Pharus*, ou *Ossonoba nova*.

Fars, Province de la Perse. *Persia*.

Farsa, Ville de la Turquie Européane, dans la Thessalie. *Pharsalus*.

Faso, Ville de la Turquie Asiatique, en Géorgie, dans la Mengrélie. *Phasis*.

Fau. *Voiez*, Foug.

Favas, Village de Normandie. *Fabatum*.

Faveri, Village de Normandie. *Fabariacum*.

Faviers, Village de Lorraine, dans le Saintois. *Fabariæ Segintenses*.

Favillana, Isle d'Europe, dans la Méditerranée, proche la Sicile, à la pointe du Val de Masara. *Ægusa*, ou *Capraria Aponania*.

Fécan, Bourg ou petite Ville de Normandie, dans le Païs de Caux, sur la Mer. *Fiscamnum Caletum*.

Feldkirchen, Ville & Comté d'Allemagne, dans le Tirol Province des Etats d'Autriche, proche des Etats Suisses. *Clunia Rhætorum*.

La Fère, Ville de Laonnois, sur l'Oise, au confluent de la Serre. *Condate Saræ*. *Vara*, ou *Fara Lannensis*.

Fère Briange, en Brie, Village vers la source du petit Morin, au Nord du Marais de Saint Gaon. *Vara*, ou *Fara Briegia*.

La Fère Champenoise, sur le Pleurs. *Vara*, ou *Fara Campanensis*.

La Fère en Tartenois, dans la Brie, proche de l'Oure. *Vara*, ou *Fara Tardanensis*.

Fermo, Ville d'Italie, dans la Marche d'Ancône. *Firmum Picenum*.

Fernambuco, Ville de l'Amérique méridionale, au Païs de Rio Janéiro, dans le Guaira Province du Paraguai. *Olinda*.

Ferrare, Ville d'Italie, Capitale du Ferrarois. *Alieni Forum*.

Fès, Ville d'Afrique, dans la Barbarie, Capitale du Roiiaume de même nom. *Volubis*.

Le Comté de Fésenzac, canton de l'Armagnac, dans la Gascogne. *Auscii Fidentiaci*.

Feuquieres, nom de quelques Terres ou Villages de France. *Focariæ*.

Feurs, Ville de France, dans le Lionnois, Capitale du Forès. *Forum Segusianorum*.

Fichemunde. *Voiez*, Vischmund.

Ficfleur, Village d'Artois, à l'embouchure de la Canche. *Vicofluctus.*

Fiésoli, Village d'Italie, dans la Toscane. *Fæsulæ Etruscorum.*

Figéac, Ville du Querci, vers l'Auvergne. *Fiacum.*

Figuéras, petite Ville ou Village d'Espagne, en Catalogne. *Juncaria Indigetum.*

Fimes, Village de Champagne, sur la Vêle. *Fines Remorum.*

La Finlande, Paiis de Suede, qui donne le nom aux Etats de Finlande. *Finnia.*

Fionie, Isle Danoise d'Allemagne, proche le Jutland, dans la Mer Baltique. *Teutonia minor.*

Les Fioniens. *Voiez*, Les Séelandois.

Le Fioré, petite Riviére d'Italie, en Toscane. *Armenita.*

Fiu Grandé, Riviére d'Espagne, proche Malaga. *Saduca.*

Fiu Frio, Riviére d'Espagne, qui passe à Torrès en Grenade. *Manoba.*

Le Fiumé di Ragusa. *Voiez*, Le Maulo.

Le Fiumé Salso, petite Riviére de Sicile. *Gelas.*

Le Fiumésino. *Voiez*, L'Iési.

Flabemont, Abbaiie de Lorraine, dans le Soulossois. *Flaba Mons.*

La Flandre, pour la plus grande partie. *Nervii Flandrenses.*

Florence, Ville d'Italie, Capitale de la Toscane, sur l'Arno. *Florentia.*

La Fluvia, petite Riviére d'Espagne, dans la Catalogne, qui coule dans la Méditerranée. *Amnis Clodianus.*

Fobourg, Ville d'Allemagne, sur le Danube, dans la Baviére & dans la Souabe. *Germanicum*, ou *Germanicus Vindelicorum.*

Fogia-Vecchia, Ville de la Turquie Asiatique, dans la Natolie, sur la Mer Egée, entre les Isles de Mételin & de Sio. *Phocæa.*

Fognano, Village d'Italie, dans la Calabre. *Vffugum Bruttiorum.*

Le Paiis de Foix, dans le Languedoc. *Sotiates.*

Folembrai, Village de Normandie. *Cava Braia.*

Folletot, Village de Normandie. *Cava Tosta.*

Folleville, Village de Normandie. *Cava villa.*

Fontainebleau, Ville du Gatinois, peu loin de la Seine. *Fons Bliaudi.*

Fontenoi & Fontenai, noms de plusieurs Terres & Villages de France. *Fontanetum.*

Fontévraud, Village d'Anjou, entre Dive & Vienne. *Fons Ebraldi.*

Forcalquier, Ville de France en Provence. *Forum Calcarium.*

Forchaim, petite Ville d'Allemagne, sur le Mein. *Locoritum.*

Forconé, en Italie, dans l'Abrusse. *Avia Vestinorum.*

Forenza, Village ou petite

Ville d'Italie, dans la Terre de Bari ou d'Otrante, ou dans le Basilicat. *Ferentum*, ou *Forentum Apulum.*

Le Forès, canton du Lionois. *Segusiani Forenses.*

La Forêt Brotone, dans le Rommois. *Arelaunus.*

La Forêt de Fontainebleau, en Gatinois. *Bieria Sylva.*

Forli, Ville d'Italie, dans la Romagne. *Forum Livii.*

Forlinpopolo, Ville d'Italie. *Forum Popilii.*

Fornoue ou Fornovo, Ville d'Italie. *Forum novum.*

Le Fortoré, petite Riviére d'Italie, dans l'Abrusse. *Frento.*

Le Fort de Skenk. *Voiez*, Skenk.

La Forteresse de Saint Théodore, petite Isle d'Europe, dans la Méditerranée, aux environs de l'Isle de Candie. *Leuce.*

Fos, Village de Provence, auprès de Martigues. *Fossa Mariana.*

Fossieu, Village de Lorraine, dans le Saunois. *Ficilio.*

Fossombroné, Ville d'Italie dans l'Ombrie. *Forum Sempronii.*

Foug, Bourg de Lorraine, dans le Paiis de Blois. *Fagus Leucorum Blesensium.*

La Fougeraie, Village de Normandie. *Filictum.*

Le Fougerai, Village de Normandie. *Filictum.*

Fougere, Village de Normandie. *Filicaria.*

Fougeres, Ville de Bretagne, aux confins du Maine. *Filicaria Rhedonum.*

Fougerou, Village de Normandie. *Filicariolum.*

Fouquesolle, Village de Normandie. *Buxaliola.*

Le Fourtissar, ruisseau de la Natolie propre, qui descend du Mont Timnus, & passe à une promenade du Village de Mandragoia. *Caicus.*

Fourvieres, Quartier ou Place de Lion, dans la haute & ancienne Ville. *Forum vetus*, ou *Forum Veneris.*

Francfort sur le Mein, Ville d'Allemagne, dans la Franconie. *Helenopolis.*

Le Francoli, petite Riviére d'Espagne, dans la Catalogne. *Tulcis.*

Le Paiis de Franchimont, dans le Paiis de Liége, entre l'Ourt & la Vèse. *Luva*, ou *Luvia.*

Franctot ou Franquetot, Village de Normandie. *Franca Tosta.*

Frascati, Ville d'Italie, dans la Campagne de Rome, à une lieue de l'ancienne Tuscule. *Tusculum novum.*

Freisingen, Ville d'Allemagne, en Baviere. *Fruxinum.*

Fréjus, Ville de France, sur la côte de Provence. *Forum Julii Oxybiorum.*

Le Frioul, Paiis d'Italie, dans l'Etat de Venise. *Carni.*

La Frise, Province des Paiis-bas, en Allemagne. *Frisii.*

Frontignan, Ville ou Village de France, dans le Languedoc. *Forum Domitii.*

Frouart, Village de Lorraine, dans le Toulois, sur la Moselle. *Arx Froardi.*

Frussiloné, petite Ville ou Village d'Italie, dans la Campagne de Rome. *Frusino Volscorum.*

Fuenté d'Ivéro, Ville d'Espagne, dans la Biscaie. *Juliobrica*, ou *Juliobriga Cantabrorum.*

Fuguerole, Village de Normandie. *Filicariola.*

Fuligno, Ville ou Village d'Italie, dans l'Ombrie. *Fulginia*, ou *Fulginium.*

Furchié, Village d'Italie, dans le Comté de Molisse, ou dans l'Abrusse. *Furculæ Caudinæ Samnitum.*

Furconio, Village d'Italie, dans l'Abrusse. *Amiternum.*

Fussen, Ville d'Allemagne, dans la Souabe. *Abodiacum.*

## G.

GABARET, Ville de Gascogne, dans le Gabardan. *Gavarretum.*

Gabrio. *Voiez*, le Port Gaurio.

Gaète, Ville & Port d'Italie, dans la Terre de Labour. *Caieta Ausonum.*

Gagliano, Ville de Sicile grande Isle d'Europe, dans la Méditerranée, proche l'Italie. *Galaria*, ou *Galeria.*

La Gaïdérognissa, petite Isle d'Europe, dans la Méditerranée, proche Candie; c'est une des Isles aux Anes. *Chrysa.*

Gajola, petite Isle de la Campanie, dans le Golfe de Pouzoles, proche du Cap de Pausilipe. *Euplæa.*

Gaisting. *Augustana (Castra).*

Galacs, Ville de la Turqu[ie] Européane, dans la Mold[a]vie, proche le Danube, e[n]tre la Moldava & le Prut[h]. *Axiopolis.*

Galata, Fauxbourg de Co[n]stantinople, au Nord & [à] l'entrée du Port, vis-à-vi[s] du Serrail. *Justiniana*, o[u] *Fici.*

Galati, petite Ville de Sicile[,] dans le Val de Mazara. *Calata.*

La Galice, Province & Roiau[me] d'Espagne. *Callæci Lucenses.*

Galita, petite Isle de la Méditerranée, entre l'Italie & l'Afrique, proche du Rocher de Galitone, à sept lieues du continent d'Afrique. *Galata.*

Gallouai, Ville d'Irlande, Capitale du Connaught. *Duaca.*

Gaméléria, petite Isle d'Afrique, le long du continent, vers les Seiches de Barbarie, dans le Golfe de Capes. *Cercinna.*

Gand, Ville d'Allemagne, dans les Paiis-Bas, sur l'Escaut. *Ganda*, ou *Gandavum.*

Gap, Ville de France, dans le Dauphiné, Capitale du Gapençois. *Vapincum Caturigum.*

Le Gapençois, Paiis de France, dans le Dauphiné. *Caturiges Vapincenses.*

Le Gard, petite Riviére de France, dans le Languedoc. *Vardo*, ou *Vardus.*

Le Garigliano, petite Riviére d'Italie, dans la Campagne

de Rome, ou dans la Terre de Labour. *Liris.*

Garnetot, Village de Normandie. *Munita Tosta.*

Garnesei, Isle de l'Océan, à l'Ouest de la France, vis-à-vis le Cotentin, Païis de basse Normandie. *Sarnia.*

La Garonne, Fleuve de France, qui tombe dans l'Océan. *Garumna.*

La Gascogne, Province de France, frontiere d'Espagne. *Vascones Maritimi*, ou *Aquitani*, autrement *Aquitania prima*, ou *Novempopulania.*

Le Gât ou le Gast, nom de plusieurs Terres de France. *Vastum.*

La Gâtine, nom de Terre en France. *Vastina.*

Le Gâtinois, Païis de l'Orléanois, entre l'Isle de France, la Champagne, le Nivernois, la Sologne, & la Beauce. *Carnutes Vastinenses*, ou *Vastinensis Pagus.*

Le Gave d'Aspe, petite Riviére de France, en Gascogne. *Aspaluca.*

Le Gave de Pau, petite Riviére de France, en Gascogne, qui se décharge dans l'Adour. *Gavera Palensis.*

Le Gave d'Oleron, petite Riviére de France, en Gascogne, qui tombe dans le Gave de Pau. *Gavera Iluronensis.*

Gaure, Païis & Comté de France en, Gascogne. *Garites.*

Gaurio. *Voiez*, le Port Gaurio.

Gaurionisi, Ecueil assez long, dans l'Archipel de la Méditerranée, entouré de quelques Rochers, à une demie-lieue du Port Gaurio. *Gaurionesus.*

Gébail, Ville de la Turquie Asiatique, en Sourie, dans la Phénicie. *Byblos.*

Gelbe, Village de la haute Allemagne, sur le Rhein. *Gelduba.*

La Gelise, petite Riviere de France, en Gascogne, qui coule dans l'Armagnac & dans le Condomois, & tombe dans la Baise. *Gelida*, ou *Gelisa.*

Gelmuiden, petite Ville de la basse Allemagne, dans le Saland, sur le Vect, & proche son embouchure dans le Zuiderzée. *Manarmanis Portus.*

Gemblour, Ville d'Allemagne, dans les Païis-Bas. *Gemmelaüs.*

Gemna ou Séména, Riviére d'Asie, dans l'Inde occidentale. *Iomanes.*

Gémund, Ville d'Allemagne, dans la Franconie, au confluent du Saal & du Mein. *Joviacum*, ou *Laciacum Noricorum.*

Genets, Bourg de l'Avranchin, sur le bord de la Mer, entre le Mont Saint Michel & Granville. *Ingena Abrincatum.*

Genève, Ville dans la Savoie, Capitale du Genevois, sur le Rhône au sortir du Lac de Genève. *Geneva Allobrogum.*

Le Genevois, Canton de la

Savoie. *Allobroges Genevenses.*

Genevrai, nom de Terre ou de Village. *Juniperetum.*

Génosa, petite Ville ou Villalage d'Italie, dans le Basilicat, ou dans la Terre de Bari ou d'Otrante. *Genusium Apulum.*

La Géorgie, Province de la Turquie Asiatique. *Albania*, ou *Iberia*, ou *Moschi.*

Gerbeviller, petite Ville de Lorraine, dans le Chaumontois, sur la Mortagne. *Gerbodi Villare.*

Gerbi, ou l'Isle des Gerbes, petite Isle d'Afrique, sur les côtes de Tripoli. *Lotophagitis*, ou *Meninx.*

Gergeau, Ville de France, dans l'Orléanois, sur la Loire, au Val de Loire. *Gargolum.*

Gergenti, Ville de Sicile. *Acragas*, ou *Agrigentum.*

Germershein, Ville ou Village de la haute Allemagne, entre Rhein-Zabern & Numagen. *Vicus Julius Nemetum.*

Germini, Village de Lorraine, dans le Saintois. *Germiniacus.*

Geitrudemberg, Ville de Hollande, sur le Biesbos, à l'embouchure de la Donge. *Mons Ripensis.*

Gherra, ou Anchiéra, Ville d'Italie, dans le Milanès, sur le Lac Majeur. *Acerra.*

Le Gévaudan, Paiis du Languedoc, dans les Cévennes. *Gabali.*

Le Grand Ghiocsou, Ruisseau de la Natolie occidentale, qui tombe dans le Bosphore. *Arete.*

Gianuto, Isle d'Italie, dans la Méditerranée, proche les côtes de la Toscane. *Artemisia*, ou *Dianium Etruscorum.*

Gibeleth. *Voiez*, Gébail.

Gibraléon, Ville ou Village d'Espagne, proche des bouches de la Guadiana. *Onobe Æstuaria.*

Le Gicihoun, ou l'Albiamu, Fleuve de Perse, qui se décharge dans la Mer Caspiène. *Oxus.*

Gien, Ville de l'Orléanois sur la Loire, dans le Gatinois. *Giemum.*

Giéra Petra, petite Ville de Candie Isle de la Turquie Européane, dans la Méditerranée. *Hierapytna.*

Gigeri, Ville d'Afrique, en Barbarie. *Gergelum*, ou *Igilgili.*

Giglio, petite Isle d'Italie, dans la Méditerranée, proche la Toscane. *Igilium.*

Girapétra, Ville de l'Isle de Candie. *Camirus*, *Cyrba*, *Hierapetra*, *Hierapytna*, *Pytna.*

Le Girgé, paiis d'Afrique, en Egypte, dans le Saïd. *Georgiana.*

Girgé, Ville d'Afrique, en Egypte, Capitale d'un petit Paiis de même nom, dans le Saïd. *Thebe Hecatompylos*, ou *Georgia.*

Girône, Ville d'Espagne, dans la Catalogne. *Gerunda.*

Gisors, Capitale du Vexin Normand, sur l'Epte. *Gisortis*; ou *Gisortium.*

Glandève, Ville de France, dans la Provence. *Glannata.*

Les deux Glari, pointes ou rochers de la Natolie occidentale, ſur les côtes du Boſphore. *Oxyrrhoon & Poryrrhoon.*

La Province de Glaris, canton de la Suiſſe. *Clarona.*

La Baie de Glenlux, en Ecoſſe, qui enferme au Sud la preſqu'Iſle du Gallouai. *Sinus Rerigonius.*

Gloceſtre, Ville d'Angleterre, dans la Mercie. *Clevum Dobunorum.*

Gnéringen, Ville d'Allemagne, dans la Baviere, ou dans la Souabe. *Grinario Licatium.*

Gneſne, Ville de Pologne, dans le Palatinat de Calish. *Limioſalcum.*

Goa, Ville d'Aſie, dans la preſqu'Iſle de l'Inde occidentale, au Roiiaume de Cunzan, ſur la côte occidentale. *Cherſoneſus.*

Godmundhan, Village ou petite Ville d'Angleterre, dans le Northumberland ou dans le Paiis de Galles. *Delgovitia Brigantum.*

Golconde, Roiiaume d'Aſie, dans l'Inde occidentale. *Meſolia.*

Godoncourt, Village de Bourgogne, dans le Portois, proche de la Sône. *Godonis Curtis.*

Le Golfe Arabique ou la Mer Rouge, entre l'Afrique & l'Aſie. *Mare Erythræum*, ou *Sinus Arabicus.*

Le Golfe de Balſora. *Voiez*, Le Golfe d'Ormus.

Le Golfe de Bengale, dans la Mer des Indes. *Sinus Indicus*, ou *Gangeticus.*

Le Golfe de Cambaie. *Sinus Barigazenus.*

Le Golfe de Capes, en Afrique, dans la Mer Méditerranée, ſur les côtes de Barbarie. *Sirtis minor*, ou *Sinus Tacapanus.*

Le Golfe de Carthagène, dans la Méditerranée, le long des côtes du Roiiaume de Murcie en Eſpagne. *Sinus Virgitanus.*

Le Golfe de Colioure, dans la Méditerranée, le long des côtes du Rouſſillon, en France. *Sinus Leoninus.*

Le Golfe d'Edimbourg, dans la Grande Bretagne, en Ecoſſe. *Bodoria.*

Le Golfe de Finlande, dans la Mer Baltique. *Sinus Finnicus.*

Le Golfe du Lion, qui entre dans l'Etang de Thau, en Languedoc. *Sinus*, ou *Mare Leonis.*

Le Golfe de Livonie ou de Riga, dans la Mer Baltique. *Sinus Cylipenus*, ou *Venedicus.*

Le Golfe de Narbonne, dans la Méditerranée, le long des côtes du Languedoc Province de France. *Sinus Bebrycius.*

Le Golfe d'Ormus ou de Balſora, entre la Turquie Aſiatique & la Perſe. *Sinus Perſicus.*

Le Golfe de Riga. *Voiez*, Le Golfe de Livonie.

Le Golfe de Sainte Euphémie, en Italie, dans la Calabre. *Sinus Lametinus*, autrement *Terinæus*, ou *Vibonensis*.

Le Golfe de Saloniki, dans la Méditerranée, le long des côtes de la Turquie Européane, en Macédoine. *Sinus Thermaïcus*.

Le Golfe de Sidra, dans la Méditerranée, en Afrique, sur les côtes de Barbarie. *Sirtis major*.

Le Golfe de Venise, partie de la Méditerranée, entre l'Italie & la Turquie Européane. *Mare Hadriacum*, autrement *Hadrianum*, *Hadriaticum*, ou *Superum*.

Le Golfe Profond, en Romanie, sur le Bosphore, dans l'endroit où il se courbe, & fait ce grand coude par lequel il se tourne vers le Sud-Est. Le Boujouderé se décharge dans ce Golfe. *Sinus Saronicus*.

Le Golfe de Saint Tropès ou de Grimaud. *Sinus Gambracitanus*.

Golfo della Suda, dans l'Isle de Candie, sur la côte septentrionale, entre la Canée & Rétimo. *Sinus Amphimales*.

Golfo di Castel Marmora, dans la Turquie Asiatique, sur les côtes de la Natolie, vis-à-vis l'Isle de Rhodes. *Sinus Ceramicus*.

Golumbatz, Ville de la Turquie Européane, dans la Bulgarie. *Tricornium*.

Gombervaux, Village de Lorraine, dans le Paiis des Vaux. *Gomberti Valles*.

Gondrecour, petite Ville de Lorraine, dans le Paiis d'Ornais, proche de l'Ornès Riviere. *Gondoini curtis*.

Gondreville, Bourg de Lorraine, dans le Toulois. *Gundulfivilla*.

La Gorgiane, Province de Perse. *Margiana*.

Il Gorgolioné, Ville d'Italie, dans la Terre de Bari ou d'Otrante. *Silvium*.

Gorgona, petite Isle d'Europe, dans la Méditerranée, entre la Toscane & l'Italie. *Gorgon*, ou *Urgo*.

Gouécourt, Village de Lorraine, dans le Soulossois. *Godonis curtis*.

Goso, Isle Européane, dans la Méditerranée, au voisinage de Malte. *Caudus*.

Gotebourg, Ville de Suede, dans la Gothie. *Guteburgum*.

La Gothie, Province de Suede. *Gutæ*, ou *Gutia*.

Gradisc, Ville de la Turquie Européane, Capitale de l'Esclavonie. *Servitium*.

Gran ou Strigonie, Ville de la Turquie Européane, dans la Hongrie, sur le Danube. *Bregetio*, autrement *Istrogranum*, ou *Strigonium*.

Le Grand Caire, Ville d'Afrique, Capitale du Paiis de même nom & de toute l'Egypte. *Babylon nova*, ou *Memphis nova*.

La Grâne, petite Riviere de Hongrie, qui tombe dans le Danube. *Granus*.

Grai, Ville de la Bourgogne orientale,

orientale, ſur la Sône. *Gradicum Sequanorum.*

Grainville, Village de Normandie. *Viridis villa.*

Le Graiſivaudan, canton du Dauphiné. *Allobroges Cularenſes.*

Grand, Village de Lorraine, dans l'Ornais, proche des ſources de l'Ornès. *Grania*, ou *Grandeſa.*

Le Grant, petite Riviere d'Angleterre. *Camus*, ou *Grontes.*

Graſſe, Ville de France, en Provence. *Graſſa.*

Grâtot, Village de France, en Normandie. *Gerardi tofta.*

Gratz, Ville d'Allemagne, Capitale de Stirie, dans les Etats d'Autriche. *Gracium*, ou *Grajacum.*

Graville, Village du Paiis de Caux, près de la Seine, entre le Hâvre & Harfleur. *Gerardi villa.*

Grenade, Ville d'Eſpagne, Capitale du Roiiaume de même nom. *Ilipula Laus nova.*

Grenoble, Ville de France, Capitale du Dauphiné, ſur l'Iſere. *Cularo*, ou *Gratianopolis Allobrogum.*

Le Grétonès. *Voiez*, Rio Grétonès.

Grignan, Bourgade de Dauphiné, dans le Tricaſtin. *Grinianum.*

Grimaut, petite Ville de la Provence maritime. *Athenopolis Maſſilienſium.*

Grimboſc, Village ou Terre de Normandie. *Viridis Sylva.*

Les Griſons, peuples d'Allemagne, dans les Etats des Suiſſes. *Lepontii*, ou *Rhæti Alpini.*

Le Groenland, Terre polaire ſeptentrionale. *Secanunga.*

Groningue, Ville d'Allemagne, dans les Paiis-Bas, entre les deux Friſes, Capitale de la Seigneurie de ſon nom. *Corbulonis munimentum.*

Grove, petite Iſle d'Eſpagne, ſur les côtes de Portugal, à l'embouchure de l'Ouilla. *Grovia.*

Guadajara, Ville d'Eſpagne, dans l'Andalouſie, ſur la Riviere de même nom, proche le détroit de Gibraltar. *Gadiera.*

Le Guadalaviar, petite Riviere d'Eſpagne, dans l'Aragon & le Roiiaume de Valence, qui tombe dans la Méditerranée. *Turia*, ou *Turis.*

Le Guadalquivir, Fleuve d'Eſpagne, qui joint l'Océan ſur les côtes de l'Andalouſie. *Bætis.*

Le Guadalquivircio, ou Fiu Grandé, Riviére d'Eſpagne, qui paſſe proche Malaga ou Malgue. *Saduca.*

Guadel, Ville de Perſe, dans le Kerman. *Samydace.*

La Guadeloupe, une des Antilles Caraïbes, proche de l'Amérique. *Carucera.*

La Guadiana, Fleuve d'Eſpagne. *Anas.*

Guadix, Ville d'Eſpagne, dans le Roiiaume de Grenade. *Colonia Gemella Accitana.*

Gualata, Paiis d'Afrique, dans la Nigritie, vers l'embouchure du Niger. *Daradi.*

Guardamar, Ville maritime d'Espagne, dans le Roiiaume de Valence, dans une presqu'Isle à l'embouchure de Rio Ségura. *Alone Contestanorum.*

Guardia, Ville d'Espagne, en Portugal, dans le Beira. *Igædita.*

Les Guarigues de Saint-Gilles, petit canton du Languedoc, le long du Rhône. *Vallis Flaviana.*

La Guartempe, petite Riviére de la Marche. *Vartempa.*

Guatimala, Paiis de l'Amérique, dans le Méxique méridional. *Cautemallia.*

Guatimala, Ville d'Amérique, Capitale du paiis de même nom, dans le Méxique méridional. *Cautemallum.*

La Gueldre, paiis de la basse Allemagne. *Menapii, Tencteri, & Mattiaci.*

Guéret, Ville de France, Capitale de la Marche. *Vervactum Lemovicum.*

Guibrai, Fauxbourg de Falaise, en Normandie, dans la campagne de Caën. *Leucopelus, Album lutum*, ou *Vibraia.*

Guichalet. *Voiez*, Quidalet.

Guiche, Village de Basque, proche de l'Adour. *Guisunum.*

La Guiène, Province de France. *Aquitania secunda.*

La Guinée Méridionale, en Afrique. *Hesperia Æthyopica.*

Le Guipuscoa, dans la Biscaie. *Vardulia.*

Guise, Capitale de Thiérache, en Picardie, sur l'Oise. *Gusia.*

Guissona, Ville ou Village d'Espagne, dans la Catalogne. *Cissum*, ou *Scissum Lacetanorum.*

Guntberg, Ville d'Allemagne, dans la Souabe. *Guntia Licatium.*

Le Guntz, petite Riviére d'Allemagne, qui tombe dans le Danube en Souabe. *Guntia.*

Guntzbourg, Village d'Allemagne, dans la Souabe. *Guntiensis transitus Danubii.*

Gurc, Ville d'Allemagne, aux Etats d'Autriche, dans la Carinthie. *Graviaci.*

Le Gurc, petite Riviére d'Allemagne, aux Etats d'Autriche, dans la Carinthie, qui tombe dans la Drave. *Corcora.*

Gurcfeld, Ville d'Allemagne, aux Etats d'Autriche, dans la Carniole, proche le confluent de la Save & du Gurc. *Neodunum Pannoniorum.*

Gusetlissar, Ville de la Natolie occidentale, à une journée de Scala-Nova, & à une journée & demie des ruines de Milet. *Magnesia ad Mæandrum.*

# H.

Le Haarts, Montagne d'Allemagne, entre l'Elbe & le Véser. *Melibocus Cheruscorum.*

La Hague, petit Canton du Cotentin, qui tire au Nord-

Oueſt. *Vallum militare Unellorum.*

Haidre en Famine, Village de Picardie. *Heidra Tungrorum.*

La Haie, nom de pluſieurs Terres ou Villages. *Vallum, Firmitas, Haga.*

La Haie Painel, Village de Normandie, dans l'Avranchin. *Vallum Paganelli.*

Haimbourg, Ville d'Allemagne, en Autriche. *Carnuntum*, ou *Carnûs.*

Le Hainaut, Paiis & Comté d'Allemagne, dans les Paiis-Bas. *Nervii Hagionenſes, Hainoum*, ou *Hagnavum.*

La Haîne, Riviére de la baſſe Allemagne, qui a donné ſon nom au Hainaut qu'elle traverſe de l'Eſt à l'Oueſt, où elle paſſe à Saint Guilain, & ſe perd dans l'Eſcaut à Condé. *Haina*, ou *Hagina.*

Le Halabas, paiis d'Aſie, Province de l'Inde occidentale. *Palibothris.*

Halabas, Ville d'Aſie, dans l'Inde occidentale, Capitale de la Province de même nom. *Palibothra.*

Le Halente, petite Riviére d'Italie, dans le Baſilicat ou dans le Principat. *Hales*, ou *Heles.*

L'Hali ou le Caſilrimac, Riviére de la Natolie, qui tombe par deux branches dans la Mer-Noire, à dix lieues de Carſa, en tirant à l'Eſt. *Halys.*

Halmſtad, Ville de Suéde, dans le Halland. *Helmopolis.*

Ham, Village du Paiis d'Auge. *Manſio*, ou *Villa. Hammus.*

Hambie, ou Ambie, Bourg de France, en Normandie, dans l'Avranchin. *Hammus Ambibarorum*

Hambourg, Ville d'Allemagne, dans le Jutland. *Marionis.*

Hamédanagar, Ville d'Aſie, dans l'Inde occidentale, Capitale du Roiiaume de Décan. *Omenogara.*

Le Hamel, Village ou Terre de Normandie. *Manſiuncula*, ou *Villula. Hammulus. Hammellus.*

Harcourt, nom de pluſieurs Terres & Villages en Normandie. *Harecurtis.*

Hareſgol, Ville d'Afrique, en Barbarie, dans le Roiiaume d'Alger. *Siga.*

Harmonville, Village de Lorraine, dans le Souloſſois. *Hermonis Villa.*

Haroue, Village de Lorraine, dans le Saintois, ſur le Madon. *Haruvia.*

La Hasbaie, quartier du Paiis de Liége, entre le Jéker, la Géète & le Démer. *Haſpinga.*

Haſting, Ville maritime d'Angleterre, dans le Suſſex. *Othona Regnorum.*

Le Havre de Grace, Ville & Port de France, dans la Normandie. *Franciſcopolis Caletum*, ou *Abrinca.*

Hauteſeille, Abbaiie de Lorraine, dans le Blamontois, ſur la Veſouze. *Alta Sylva Albimontenſis.*

Hébertot, Village de Normandie. *Herberti toſta.*

Heidelberg, Ville de la haute Allemagne, Capitale du Palatinat. *Mons Myrtilorum.*

Le Heiric ou le Hohé, Montagne d'Allemagne, dans la Hesse. *Taunus.*

Hems, Ville de la Turquie Asiatique, dans la Souric. *Emesa*, ou *Emisa.*

Hercken, deux Villages d'Alsace, sur l'Ill, au dessus de Colmar & d'Horbourg. *Argentaria Rauracorum.*

Hereford, Ville d'Angleterre, dans le Paiis de Galles. *Ariconium.*

Héren, Ville de la Turquie Asiatique, dans la Mésopotamie. *Carrhæ.*

Hérentals, Bourg de Brabant, dans le quartier d'Anvers, sur la petite Nethe. *Herendalium*, ou *Herentalia.*

Herford, Ville d'Angleterre, dans la Mercie. *Magiovinium*, autrement *Durocobriva*, ou *Durocobrivis Catyeuchlanorum.*

L'Héri, Paiis de l'Asie, en Perse, dans le Corasan. *Aria Persidis.*

Hermanstat ou Cében, Ville de la Turquie Européane, dans la Transilvanie, sur la Riviére de Cében. *Cibinium*, ou *Hermannopolis.*

Herstal, Bourgade, sur la Meuse, peu au dessous de Liége. *Haristallium*, ou *Heristelium.*

La Hesse, Province d'Allemagne. *Mattiaci.*

Hexham, Village ou petite Ville d'Angleterre, dans le Northumberland ou dans le Paiis de Galles. *Axelodunum.*

Hiéme, Bourg de Normandie, dans le Paiis d'Auge. *Auximum*, ou *Oxmisus.*

L'Hiêmois, Territoire d'Hiême. *Lexovii Auximenses*, ou *Oxmisenses.*

Hieres, Ville de la Provence maritime, vis-à-vis des Isles de même nom. *Area.*

Hispahan, Ville d'Asie, Capitale de l'Erac-Atzem & de toute la Perse, sur le Zenderou. *Aspahamum Medorum.*

Le Hoambo ou la Riviére Jaune, dans la Chine, qui tombe dans l'Océan Oriental. *Xanthus Sericus.*

Le Hohé. *Voiez*, le Heiric.

L'Homber, Riviére d'Angleterre. *Abus.*

Holé, lieu d'Alsace. *Olino.*

Le Homme, Village de Normandie. *Mansio. Hammus. Villa.*

Le Hommeau, le Hommel, & le Hommet, Villages ou Terres de Normandie. *Mansiuncula*, *Hammulus*, *Hammelius*, *Villula.*

Honfleur, Ville maritime de Normandie, dans le Lieuvin, à l'embouchure de la Seine. *Hunneflotum.*

Le Honte, grand bras de mer, par où la plus grande partie des Eaux de l'Escaut se décharge entre la Flandre & l'Isle de Valacre. *Fossa Othonis.*

Horbourg. *Voiez*, Arbourg.

Hostéria di Finocchio, petit Village d'Italie, dans la

Campagne de Rome. *Gabii.*

Houdreville, Village de Lorraine, dans le Saintois, sur le Brenon. *Audriaca Villa.*

La Hougue, rade d'une partie du Cotentin septentrional, en Normandie. *Oga.*

Le Houlme, Paiis de la Normandie occidentale. *Holmetia.*

La Houssaie, nom de plusieurs Terres ou Villages de France. *Aquifolietum.*

Huarté Araquil, petite Ville d'Espagne, dans l'Aragon. *Aracalis.*

Huène, petite Isle de la mer Baltique, à l'entrée du Sund. *Venusia Baltica*, ou *Cimbrica.*

Huesca, Ville d'Espagne, dans l'Aragon. *Osca Vescitanorum.*

Hui, petite Ville du Paiis de Liége, Capitale du Condros, sur la Meuse, au confluent de l'Hiouille. *Hoium Condrusiorum.*

L'Huigne, Riviére de France, qui tombe dans la Sarte. *Idonea.*

Hul, Ville maritime d'Angleterre, dans le Paiis de Galles. *Petuaria Parisiorum transductorum.*

Humago, Ville maritime d'Allemagne, dans les Etats d'Autriche, en Istrie, sur le Golfe de Venise. *Ningum Histrorum.*

Humana, Ville maritime d'Italie, dans la Marche d'Ancône. *Numana.*

Le Hurepois, Canton de l'Isle de France, qui s'étend depuis Corbeil jusqu'à Saint Cloud. *Mauripensis pagus.*

## I. J.

L'Iaci ou le Chiaci, petite Riviére de Sicile, grande Isle d'Italie, dans la Méditerranée. *Acis.*

Jaen, Ville d'Espagne, dans l'Andalousie. *Gienna.*

Jaffa, Ville de la Turquie Asiatique, en Sourie, dans la Palestine. *Joppe Phœnicum.*

Jamestoune, Ville de l'Amérique méridionale, dans la Virginie. *Jacobopolis Mocosa.*

L'Iamour, Fleuve d'Asie, dans la grande Tartarie, qui se décharge dans l'Océan oriental. *Amura.*

Jandelise, Village de Lorraine, dans le Verdunois, sur l'Orne. *Gandrelisa.*

Jaquemont, Bourg d'Italie, en Savoie, dans la Tarentaise, entre Montiers & le petit Saint Bernard. *Axima Centronum.*

L'Iare, petite Riviére d'Angleterre, dans l'East-Anglie. *Garienum.*

Iarmouth, ville maritime d'Angleterre, dans l'East-Anglie. *Garieni Ostium.*

Le Jars ou le Jéker, petite Riviére de la basse Allemagne, dans le Paiis de Liége, qui joint la Meuse à Mastric. *Jecora.*

Javouls, Bourg du Gévaudan, en la Baronie de Peire, à quatre lieues de Mande. *Anderitum Gabalorum.*

Jassi, Ville de la Turquie Européane, dans la Valaquie. *Petrodava Jassiorum.*

Iato, Ville de Sicile. *Iatia*, ou *Ieta*.

Javarin, Ville de la Turquie Européane, en Hongrie, sur le Danube, vis-à-vis la petite Shut. *Arrabo*.

Ibs, Ville d'Allemagne, dans l'Archiduché d'Autriche, sur le Danube. *Pons Isis*.

Icborou, Village ou petite Ville d'Angleterre, dans l'East-Anglie. *Iciani*.

L'Idicé, petite Riviére d'Italie, dans le Bolonois. *Idex*.

Idleton, Village ou Ville d'Angleterre, dans la Mercie. *Adelocum*.

Idro, petite Ville d'Italie, dans l'Etat de Venise. *Edrum Euganeorum*.

L'Iémen ou l'Arabie heureuse, dans la Turquie Asiatique. *Sabæi*, ou *Arabia felix*.

Ienne, Ville de la Savoie propre, sur le Rhône. *Eiauna*, *Eauna*, ou *Eona*.

L'Iérac, Paiis de la Turquie Asiatique, dans le Diarbec. *Babylonia*, ou *Chaldæa*.

L'Iérac Agémi ou l'Erac-Atzem, Province de Perse. *Media*.

L'Iére, petite Riviére du Paiis de Caux, entre l'Eaune & la Brêle. *Eura*. *Tella*.

Jendure, Abbaiie ou Prieuré de Lorraine, dans le Barois, sur la Saux. *Jenduria*.

Jersei, Isle de France, dans l'Océan, vis-à-vis le Cotentin, en Normandie. *Cæsarea Unellorum*.

Jérusalem, Ville de la Turquie Asiatique, en Sourie, dans la Palestine. *Hierosolyma*, ou *Colonia Ælia Capitolina*.

L'Iési ou le Fiumésino, petite Riviére d'Italie, dans la Marche d'Ancône. *Æsis*.

L'Isle d'Ieu, sur les côtes de Poitou, au Sud de Noirmoutier. *Oia*.

L'Ièvre ou l'Ieure, petite Riviére de France, dans le Berri. *Avara major*.

Ila, une des Isles de l'Archipel des Vesternes. *Epidium*.

Ilchester, Ville d'Angleterre, dans l'Ouestsex. *Ischalis Belgarum Transductorum*.

L'Isle-belle, dans la Seine, vis-à-vis de Meulan, au dessous du Pont. *Nesocale*.

L'Isle Blanche ou l'Isle Christiana, dans l'Archipel de la Méditerranée, aux environs de Santorin. *Therasia*.

L'Isle de Fer, une des Canaries, à l'Ouest de l'Afrique. *Pluvialia*.

L'Isle de France. *Francia*.

L'Isle des Gerbes. *Voiez*, Gerbi.

L'Isle de Saint Honoré, une des Isles de Lérins, proche les côtes de Provence, dans le Golfe de Cannes. *Lerina*, ou *Planasia*.

L'Isle-Jourdain, Ville de Gascogne, dans l'Armagnac, sur la Save. *Castellum Ictium*.

L'Isle du Levant ou du Titan, une des Isles d'Hiéres, en France, dans la Méditerranée, proche les côtes de Provence. *Hypæa*.

L'Isle de Macao, sur les côtes de la Chine. *Gaoxa*.

L'Isle de Sainte Marguerite,

dans la Méditerranée, en France, le long des côtes de Provence, une des Isles de Lérins. *Lero.*

L'Isle de Sainte Marie, dans la Méditerranée, au tour de l'Italie, le long des côtes de la Terre de Labour, entre les Isles d'Ischia & de Ponza. *Pandataria*, ou *Pandateria.*

L'Isle de Sainte Maure, Isle de la Turquie Européane, dans la Mer Ionienne, le long des côtes de la Livadie. *Leucadia*, autrement *Leucas*, ou *Neritis.*

L'Isle de Nermoutier, dans l'Océan, sur les côtes du Poitou. *Herus*, ou *Herius.*

L'Isle du Titan. *Voiez*, l'Isle du Levant.

Les Isles aux Asnes, proche de l'Isle de Candie, à la vûë de Girapetra. *Gadaronesi*, ou *Chrysa & Gaudos.*

Les Isles de Baione, sur les côtes de Galice, à l'entrée du Golfe de Baionne Ville maritime d'Espagne. *Insulæ Deorum.*

Les Isles Baléares, dans la Méditerranée, vers les côtes d'Espagne. *Insulæ Baleares*, ou *Gymnasiæ.*

Les Isles Britanniques. *Cassiterides. Britanides.*

Les Isles du Cap Verd, dans l'Océan, à l'Ouest de l'Afrique. *Gorgades*, ou *Hesperides*, ou *Doraces.*

Les Isles de Féro ou de Farre, petites Isles Britanniques, au Nord d'Ecosse. *Glessariæ.*

Les Isles des Grabuses, autour de l'Isle de Candie, à l'opposite de la Morée. *Coricæ & Mylæ.*

Les Isles d'Hiéres ou les Isles d'Or, dans la Méditerranée, en France, proche les côtes de Provence. *Stæchades.*

Les Isles de Lipari, dans la Mer Méditerranée, au Nord de la Sicile. *Æolides.*

Les Isles de Pavonare. *Voiez*, Rochers de Pavonare.

Les Isles de Shétland, petites Isles Britanniques, au Nord d'Ecosse. *Æmodæ Arctoæ.*

Les Isles de Strivali, Isles de la Turquie Européane, dans la Mer Ionienne, au tour de la Morée, le long des côtes du Belvedere. *Strophades.*

Les Isles de Trémiti, proche l'Italie, dans le Golfe de Venise, le long des côtes du Capitanat. *Diomedeæ.*

L'Isle de Trémiti, la principale des Isles de ce nom. *Trimetus.*

Les Isles de Turluru, en Europe, dans la Méditerranée, proche l'Isle de Candie. *Budroæ.*

Les Isles Vesternes, petites Isles Britanniques, au couchant de l'Ecosse. *Æmodæ Occiduæ.* Elles contiennent les Isles de l'Ouest & les Hébrides.

L'Ill, petite Riviére d'Angleterre, dans l'Ouestsex. *Ivellus.*

L'Ill, petite Riviére de France, en Alsace, qui tombe dans le Rhein. *Hellelus.*

L'Ille, petite Riviére de France, dans la Guienne. *Illa.*

L'Iller, petite Riviére d'Allemagne, dans la Souabe, qui entre dans le Danube, proche d'Ulme. *Ilargus.*

L'Ilment, Fleuve de Perse, qui se jette dans l'Océan. *Arbis.*

Imola, Ville d'Italie, dans la Romagne. *Forum Cornelii.*

L'Indre, Riviére de France, qui joint la Loire, entre le Cher & la Vienne, en Touraine. *Angers,ris*, ou *Angera.*

L'Inn, Riviére d'Allemagne, qui se perd dans le Danube. *Ænus.*

Innichen, petite Ville d'Allemagne, aux Etats d'Autriche, dans le Tirol. *Aguntus.*

Innstadt, petite Ville d'Allemagne, dans la Baviére, sur l'Inn. *Boiodurum.*

Inspruc, Ville d'Allemagne, dans les Etats d'Autriche, Capitale du Tirol. *Æni pons superior*, ou *Valdidena nova.*

In t' Sand, Village ou petite contrée d'Allemagne, dans les Paiis-Bas. *Sablones Gugernorum.*

Joigni, petite Ville de France, dans l'Auxerois Paiis du Duché de Bourgogne, sur l'Ione. *Joviniacum Senonum.*

L'Ione, petite Riviére de France, qui tombe dans la Seine. *Icauna.*

Joinville, Village de Champagne, dans le Blésois, sur la Marne. *Jovis Villa*, ou *Jovia Villa*, ou plutôt *Jovini Villa.*

Iorc, Ville d'Angleterre, dans le Northumberland. *Eboracum.*

Jouare, Bourg de France, dans la Brie, proche le petit Morin. *Jovis ara.*

Joui, Village de Lorraine, dans le Dormois. *Gaudiacum Dulmense. Joviacum.*

Joui, Village de Lorraine, dans la Voide. *Gaudiacum* ou *Joviacum Bedense.*

Jovilier, Abbaiie ou Prieuré de Lorraine, dans le Barois, entre la Marne & la Saux. *Jovillare.*

Joura, Isle de l'Archipel de la Méditerranée, de quatre lieues de tour, à quatre lieues de Sira, & à six de Zia. *Gyarus*, ou *Gyara.*

L'Iouvia, petite Riviére d'Espagne, dans la Galice, qui tombe dans le Golfe de la Corougna, & passe à Férol. *Ivia.*

Ipres, Ville de Flandre. *Ipra Morinorum.*

Ips. *Ad Pontem Isis.*

L'Irlande, ou la petite Bretagne, une des grandes Isles Britanniques. *Ibernia*, autrement *Ierna*, *Ire*, *Iris*, ou *Juverna.*

Ischia, petite Isle d'Italie, dans la Méditerranée, le long des côtes de la Terre de Labour. *Inarime*, autrement, *Ænaria*, ou *Pithecusa.*

Iséo, petite Ville d'Italie, dans l'Etat de Venise. *Sebum*, ou *Sevum.*

Isernia, Ville d'Italie, dans le Comté de Molisse. *Æsernia.*

L'Islande, Isle d'Europe, dans l'Océan, au Nord des Isles Britanniques, vis-à-vis la Norvége. *Thule.*

Isnich, Ville de la Turquie Asiatique, dans la Natolie. *Nicæa.*

Isnimigid, Ville la Turquie Asiatique, dans la Natolie. *Nicomedia.*

Isola, Ville d'Italie, dans la Toscane. *Veii novi.*

Les Issarts. *Voiez*, les Essarts.

L'Issel, Riviére d'Allemagne, dans les Paiis-Bas, dont l'embouchure est dans le Zuiderzée partie de la mer d'Allemagne. *Isala.*

Issel-Oort, Canal de la basse Allemagne septentrionale, entre Westerford & Doesburg. *Fossa Drusi.* Il joint le Rhein à l'Issel.

L'Iser, petite Riviére d'Allemagne, dans la Baviére, qui coule dans le Danube. *Isargus.*

L'Iser, petite Riviére de Flandre, qui passe à Dixmude. *Isara.*

L'Isere, petite Riviére de France, dans le Dauphiné, qui se rend dans le Rhône. *Isara.*

Issi, Village de l'Isle de France, proche Paris. *Iciacum.*

Issoire, petite Ville d'Auvergne, sur l'Allier. *Iciodorus Arvernorum.*

L'Isonzo, petite Riviére d'Italie, dans l'Etat de Venise, qui tombe dans le Golfe de Trieste. *Sontius.*

Istégna, Village de Romanie, sur le Canal de la Mer-Noire, proche Jénicui, dans le fond d'un petit Port. *Leostenion.*

L'Isthme de Coranto, ou d'Examiglia, dans la Turquie Européane, entre la Livadie & la Morée. *Isthmus Corinthiacus.*

L'Isthme de Maanselhe. *Isthmus Suecicus.*

L'Isthme de Pérécops, dans la Turquie Européane, qui joint la Crimée avec le reste de la petite Tartarie. *Isthmus Tauricus.*

L'Isthme de Suès, qui joint l'Afrique à l'Asie, & sépare la Méditerranée de la Mer de la Méque. *Isthmus Posidicus.*

L'Istrie, Province d'Allemagne, dans les Etats d'Autriche, au fond du Golfe de Venise. *Japidia*, ou *Histri.*

L'Italie, une des grandes parties méridionales de l'Europe. *Italia*, autrement *Ausonia*, *Hesperia magna*, *Hesperia Saturnia*, ou *Oenotria.*

L'Italie méridionale, ou le Roiiaume de Naples. *Græcia magna.*

L'Itching, petite Riviére d'Angleterre. *Alra.*

Jublains, Bourg du Maine occidental, à trois petites lieues de Maienne. *Noviodunum Diablintum.*

Iverdun, Ville d'Allemagne, dans la Suisse, au Paiis de Vaux, sur la Teile & le Lac d'Iverdun. *Eburodunum Urbigenorum.*

Ivetot, Bourg du Paiis de Caux, en Normandie. *Ivonis tosta.*

Iviça. *Voiez*, Evisse.

La Juine. *Gemina*, ou *Junna.*

Juliers, Ville de la haute Allemagne. *Juliacum Ubiorum.*

Junquieres, Ville d'Espagne, en Catalogne, dans le Lampourdan. *Deciana Indigetum.*

Ivoix ou Carignan, Ville d'Allemagne, dans les Paiis Bas, au Paiis du Luxembourg, sur le Chiers. *Epoissus.*

Ivrée, Ville d'Italie, dans le Piémont, sur la Doria. *Eporedia Salassorum.*

Ivri sur Seine, Village de l'Isle de France, à une lieue de Paris. *Evriacum Mauripense.*

Ivri sur Eure, Village de la Campagne de Saint André, en Normandie, dans l'Evrecin méridional, au dessous d'Anet. *Evriacum Eburovicum.*

Le Jutland, Province d'Allemagne, & partie du Roïaume de Dannemarc, entre la Mer d'Allemagne, & la Mer Baltique. *Chersonesus Cimbrica*, autrement *Cimbri* ou *Juta.*

# K.

KEIER. *Voiez*, Falkembourg.

Keiserstul, Ville d'Allemagne, en Suisse. *Forum Tiberii.*

Kellen ou Coln, Village d'Allemagne, dans les Paiis-Bas. *Colonia Ulpia Trajana*, ou *Castra Vetera Gugernorum.*

Kelmunts, Ville d'Allemagne, dans la Baviére, ou dans la Souabe. *Cælius Mons Licatium.*

Kempten. *Voiez*, Campten.

Kems, Ville d'Allemagne, dans la Suisse. *Cambete Rauricorum.*

Le Kerca, petite Riviére de la Turquie Européane, dans la Dalmatie. *Titius.*

Le Kérès, petite Riviére de la Turquie Européane, dans la Hongrie. *Crissus.*

Kirisonto. *Voiez*, Cerasonte.

Kerlbourg, Ville d'Allemagne, en Autriche, sur le Danube. *Gerulata.*

Le Kerman, Province de Perse. *Carmania.*

Késaria ou Césarée de Cappadoce, Ville de la Natolie, à six journées de Tocat. *Cæsarea*, *Eusebia*, ou *Mazaca Cappadocum.*

Le Késel-Ousan. *Voiez*, l'Ouson.

Le Késul. *Voiez*, le Sihun.

Le Khiai, Riviére de la Turquie Européane, dans la Natolie, *Caïstrus.*

Le Khiératie, Province de la Nigritie, vers l'embouchure du Niger. *Daradi.*

Khitro, Ville de la Turquie Européane, dans la Macédoine. *Pydna*, ou *Pydnus.*

Le Kilan, Province de Perse. *Media.*

La Kile, petite Riviére d'Allemagne, dans les Paiis-Bas, qui entre dans la Moselle. *Gelbis.*

Killair, Château d'Irlande. *Laberus.*

Kintzen, Bourg d'Allemagne, sur le Danube. *Augusta Quintanorum*, ou *Quintana.*

Kintzen, Village d'Allemagne, dans la Baviére, entre l'Iser & l'Inn. *Quintana Castra Vindelicorum.*

Kirkevald, Ville de l'Isle Mainland, une des petites Britanniques, dans l'Océan, proche la grande Bretagne. *Carcoviaca.*

# L.

LE Labourd, Paiis de Basque, en Gascogne. *Tarbelli Lapurdenses.*

Le Lac d'Abouillona, dans la Natolie propre, où se ramassent les eaux du Mont Olimpe, à quelques journées de Pruse, sur le chemin de Smirne. *Apolloniatis*, ou *Stagnum Artynia.*

Le Lac d'Agnano, en Italie, dans la Terre de Labour. *Lacus Anianus.*

Le Lac de Bracciano, en Italie, dans la Toscane. *Sabatia*, ou *Sabatina Stagna.*

Le Lac de Camarana, en Sicile, sur la côte méridionale. *Camarina.*

Le Lac de Célano, dans l'Abrusse, en Italie. *Lacus Fucinus.*

Le Lac de Côme, en Italie, dans le Milanès. *Lacus Larius.*

Le Lac de Constance, en Allemagne, entre la Souabe & les Etats d'Autriche & de Suisse. *Lacus Acronius*, autrement *Brigantinus*, ou *Venetus.*

Le Lac de Garde, entre l'Italie & l'Allemagne, sur les frontiéres de l'Etat de Venise & des Etats d'Autriche. *Lacus Benacus.*

Le Lac d'Iséo, en Italie, dans l'Etat de Venise. *Lacus Sebinus*, ou *Sevinus.*

Le Lac de Lésina, en Italie, dans le Basilicat ou dans le Capitanat, proche la petite Riviére de Fortoré. *Lacus Pantanus.*

Le Lac de Livadie ou de Topoglia, dans la Turquie Européane. *Lacus Copaïs.*

Le Lac Majeur, partie en Allemagne dans les Etats Suisses, & partie en Italie dans l'Etat de Venise. *Lacus Verbanus.*

Le Lac de Pérouze, dans le Pérugin Paiis d'Italie, dans la Toscane. *Lacus Trasimenus.*

Le Lac de Pié di Luco, en Italie, dans l'Ombrie. *Lacus Reatinus.*

Le Lac de Sainte Praxéde, en Italie, dans la campagne de Rome. *Lacus Regillus.*

Le Lac de Riéti, en Italie, dans la Sabine. *Lacus Velinus.*

Le Lac de Topoglia. *Voiez*, le Lac de Livadie.

Lachou, Village de Lorraine, dans le Chaumontois, proche de Nanci. *Laxovium.*

Ladenbourg, Ville ou Village d'Allemagne, dans la Hesse. *Lupodunum Cattorum.*

Lagni, petite Ville de la Brie Parisienne, sur la Marne, entre Paris & Meaux. *Latiniacum Briegense.*

Lago di Castilioné, en Italie, dans la Toscane, à l'embouchure de la petite Riviére de Brune. *Lacus Prelius*, ou *Prilis.*

Lago di Lugano, en Allemagne, dans les Etats Suisses, chez les Grisons, entre le

Lac Majeur & le Lac de Côme. *Lacus Ceresius.*

Lago di Mezzano, en Italie, dans la Toscane. *Lacus Statoniensis.*

Lahor, Ville d'Asie, dans l'Inde occidentale, Capitale du Roiiaume de Pengab. *Alexandria Bucephalia.*

Laiaso, Ville de la Turquie Asiatique, dans la Sourie. *Issus.*

Laie, Village de Lorraine, dans le Leuquois, entre la Meurte & la Seille. *Laium.*

Lamégo, Ville d'Espagne, en Portugal, dans le Béira. *Lamaca*, autrement *Lamacum*, ou *Lameca.*

Lamentana Vecchia, Ville d'Italie, dans la Sabine. *Nomentum Sabinorum.*

Lampédosa, petite Isle d'Afrique, dans la Méditerranée, entre Malte & Tunis. *Lopadusa.*

Le Lampourdan. *Voiez*, l'Ampourdan.

Lampsico, petite Ville de la Turquie Asiatique, dans la Natolie, sur le détroit de Gallipoli. *Lampsacus.*

Lancastre, Ville d'Angleterre, dans le Northumberland ou dans le Paiis de Galles. *Alione*, ou *Alone Brigantum.*

Lanciano, Ville d'Italie, dans l'Abrusse. *Anxanum.*

Landecourt, Village du Chaumontois, en Lorraine. *Lantfridi curtis.*

Langeais ou Langès, petite Ville de France, en Touraine, entre Tours & Saumur, sur la Loire. *Alingavia in Turonibus.*

Lango ou Stingo, Isle d'Asie, dans la Méditerranée. *Cos*, ou *Nymphæa.*

Langotein ou Pierre-Percée, ruines d'un ancien Château, en Lorraine, au Paiis Leuquois, dans le Comté de Salm. *Petra pertusa.*

Langres, Ville de France, en Champagne, sur la Marne. *Andomatunum Lingonum.*

Langrone, Village du Cotentin, proche de Coutance. *Chlorogæa Unellorum*, ou *Terra viridis.*

Langrune, village du Bessin, proche d'Etreham. *Chlorogæa Viducassium*, ou *Terra viridis.*

Le Languedoc, Province de France. *Volcæ.*

Languetot, Village de Normandie. *Longua tofta.*

Laôn, Ville de l'Isle de France, Capitale du Laônois. *Bibrax Suessionum*, ou *Lugdunum clavatum.*

La Laponie, ou la Norvége septentrionale. *Lapionia*, ou *Seritsinni.*

Larache, Ville maritime d'Afrique, en Barbarie, dans le Roiiaume de Fès, sur le Loucous. *Lixos.*

Largen-Laber. *Comagena.*

Larina, Ville d'Italie, dans l'Abrusse. *Larinum Frentanorum.*

Larraga, Ville d'Espagne, dans la Navarre, sur l'Agra, entre Pampelune & l'Ebre. *Tarraga Vasconum.*

Latakié, Ville de la Turquie Asiatique, sur les côtes de la Sourie. *Laodicea Syria maritima.*

Lattarico, Ville ou Village d'Italie, dans la Calabre. *Hetriculum Bruttiorum.*

La Lavagna, petite Riviere d'Italie, dans l'Etat de Gènes. *Entella.*

Laval, Ville de France, dans le Maine. *Vallis Guidonis*, ou *Maduallis.*

Le Lavammind, petite Riviére d'Allemagne, dans les Etats d'Autriche, en Carinthie. *Lavantus.*

Lavammind, Ville d'Allemagne, dans les Etats d'Autriche, en Carinthie. *Lavanti Ostium.*

Laubach, Ville d'Allemagne, dans les Etats d'Autriche, Capitale de la Carniole. *Emona*, ou *Nauportum Tauriscorum.*

Lauffen, petite Ville d'Allemagne, dans la Souabe, proche le Necre. *Artobriga.*

Laumont, Village de Lorraine, dans la Voivre. *Lupi mons.*

Le Lavedan, canton de la Bigôre méridionale, dans la Gascogne. *Levitania*, ou *Levitanenses.*

Lausane, Ville d'Allemagne, dans la Suisse. *Lausona.*

Lébéda, Ville d'Afrique, en Barbarie, sur la Méditerranée, dans le Roiiaume de Tripoli. *Leptis magna.*

Lebrixa, Ville d'Espagne, dans l'Andalousie, vers les bouches du Guadalquivir. *Nebrissa Veneria.*

Le Lec, petite Riviére d'Allemagne, dans la Souabe, qui tombe dans le Danube au-dessous de Donavert. *Licus*, ou *Lichus.*

Ledesma, Ville d'Espagne, dans le Roiiaume de Léon, proche la petite Riviére de Tormes. *Bletisa.*

Leide, Ville d'Allemagne, dans les Paiis-Bas septentrionaux. *Lugdunum Batavorum.*

Leimont, en Perthois, Bourg de Champagne, sur l'Ornès. *Latus Mons.*

Lemens, lieu de Savoie, tout auprès de Chamberri. *Lemincum.*

Le Leinster, Province d'Irlande une des grandes Isles Britanniques. *Lagenia.*

Leiria, Ville d'Espagne, en Portugal, dans l'Estramadoure, entre Coimbre & Santaren. *Colippo nova*, ou *Edeta.*

Leiton, petit Village d'Angleterre, dans l'Essex. *Durolitum Trinobantum.*

Leitoure, Ville de France, dans la Gascogne, sur le Gers. *Lactora*, ou *Lactura.*

Leitz. *Lentium.*

Lenham, petite Ville d'Angleterre, dans le Sussex. *Durolenum Cantiorum.*

Lens, Ville d'Artois, sur le Souchet. *Elena Atrebatum.*

Lenteuil, Village de Normandie. *Lentolium.*

Lentini, Ville de Sicile, dans le Val de Noto, proche le Golfe de Catane, vers la côte orientale. *Opidum Leontini.*

Léon de Nicaragua, Ville de l'Amérique septentrionale, dans le Méxique méridional, en la Province de Nicaragua. *Legio Mexicana.*

Léon, Ville d'Espagne, Capitale du Roiiaume de même nom, peu loin des sources de la petite Riviére d'Esla. *Legio gemina.*

Léondari, Ville de la Turquie Européane, dans la Morée. *Megalopolis.*

Le Léonois, ou le canton de Saint Paul de Léon, en Bretagne. *Lemovices Armorici.*

Lépante, Ville de la Turquie Européane, dans la Livadie, sur le Golfe de Lépante. *Naupactum Ætolorum.*

Lépsina, ruines d'une ancienne Ville de la Turquie Européane, dans la Livadie, entre Mégare & Athènes. *Eleusis.*

Lérida, Ville d'Espagne, en Catalogne, sur la Sègre. *Ilerda Athanagia.*

Le Lergue ou le Lierge, Riviére de Languedoc, qui passe à Lodève, & tombe dans l'Eraut. *Larga.*

Le Léris, petite Riviére d'Espagne, sur la côte occidentale. *Laros.*

Lerma, Ville d'Espagne, dans la Castille, sur l'Arlanza. *Termes nova Arevacorum.*

Le Lers, petite Riviére de France, en Languedoc, dans le Comté de Foix, qui tombe dans l'Ariege. *Lertius.*

Le Lès, petite Riviére de France, en Languedoc, qui coule dans l'Etang de Maguelone. *Ledus.*

Le Lésaro, petite Riviére d'Espagne, dans la Galice. *Sars, tis.*

Lescar, Ville de France, en Gascogne, dans le Béarn. *Lascuris*, ou *Lascura.*

Léser, petite Riviére de la haute Allemagne, dans l'Electorat de Trèves, qui tombe dans la Moselle proche Veldens, entre Trèves & Tracrbach. *Lesura.*

La Lésina, petite Isle de la Turquie Européane, dans le Golfe de Venise. *Pharia*, *Pharos*, ou *Paros Liburnica.*

Lessai, Village de Normandie, dans le Cotentin. *Exaquium.*

Lestuthiel, petite Ville d'Angleterre, dans l'Ouestsex. *Uxella Dumnoniorum.* Elle appartient au Cornoual, & s'appelle autrement Lésouthiel.

Létraie ou Létrée, Village de Lorraine, dans le Chaumontois, au paiis de Havend, sur la Moselle. *Strata Leucorum Habendensium.*

Lévendel, Ville ou Village d'Allemagne, dans les Paiis-Bas. *Levefanum Batavorum.*

Lévenza, Isle d'Europe, dans la Méditerranée, proche la Sicile, à la pointe du Val de Mazara. *Phorbantia.*

Le Leuquois, paiis de Lorraine, qui répond au Diocèse de Toul. *Leuci.*

Leuse, en Hainaut, Bourg sur le Dender. *Lutosa Nerviorum.*

Leuvarden, Ville d'Allemagne, dans les Paiis-Bas, en Frise. *Leovardia.*

Leuve, Leou ou Leau, petite Ville ou Village du Brabant. *Leonia Brachbantina.*

Libdo, Bourg de Lorraine, dans le Toulois. *Liberum donum.*

Libourne, Ville du Bourdelois, au confluent de la Dordogne & de l'Ille. *Condate ad Lillam.*

Licosa, petite Isle de l'Italie méridionale, dans la Méditerranée. *Leucasia*, autrement *Leucosia*, ou *Leucothea.*

Le Païis de Liége, canton de la basse Allemagne méridionale. *Tungri Eburones.*

Liége, Ville de la basse Allemagne, sur la Meuse. *Leodicum*, *Legia*, ou *Luiga.*

Le Lieuvin, Païis de France, dans la Normandie. *Lexovii.*

Lifou, Village de Champagne, dans le Bassigni Toulois, peu loin de la Meuse. *Lucofaüs*, ou *Locoficus.*

Ligni, Ville ou Village de la haute Allemagne. *Tungus Treverorum.*

Ligni ou Linci, Ville de Lorraine, dans le Barrois, sur l'Ornès. *Lineium.*

Ligugé, Terre & Prieuré de France, dans le Poitou, à deux petites lieues de Poitiers. *Locoiacum.*

Lille, Ville de Flandre, sur la Deulle. *Isla.*

La Limagne, canton de l'Auvergne méridionale, sur la rive gauche ou occidentale de l'Allier. *Lemane*, fém. ou neut.

Le Limat, Riviére de Suisse. *Lindemacus*, ou *Limagus.*

Lime, petit Port d'Angleterre, dans le Sussex. *Portus Lemanis.*

Limisso, Ville de Cypre, Isle d'Asie, dans la Méditerranée. *Amathûs.*

Limoges, Ville de France, Capitale du Limosin, sur la Vienne. *Ratiastum Lemovicum.*

Le Limosin, Province de France. *Lemovices.*

Lincoln, Ville d'Angleterre, dans la Mercie. *Lindum Coritanorum.*

Lintz, Ville d'Allemagne, en Autriche, sur le Danube. *Gesodunum*, ou *Lentia*, autrement *Loncium Noricorum.*

Liocan. *Voiez*, Le Porz-Liocan.

Lion, Ville de France, Capitale du Lionnois, sur le Rhône, au confluent de la Sône. *Lugdunum Segusianorum*, ou *Æduorum.*

Le Lionnois, Province de France. *Segusiani*, ou *Ædui Lugdunenses.*

Lions, petite Ville du Vexin Normand, sur le Lieur. *Leones Velocassium.*

Lions ou Lons le Saunier, Bourg de la Bourgogne orientale. *Leodo.*

Lipari, Isle d'Italie, dans la Méditerranée, au Nord de la Sicile. *Lipara.*

La Lippe, petite Riviére d'Allemagne, qui entre dans le Rhein en Westphalie. *Luppia.*

Lipspring, petite Ville de Westphalie, proche de la source de la Lippe, à une lieue de Paderborn. *Fontes Luppiæ.*

Lipstad, Ville d'Allemagne, dans la Westphalie. *Luppia.*

La Lis, petite Riviére de la basse Allemagne, qui tombe dans l'Escaut à Gand. *Lætia*, ou *Lægia*.

Lisbonne, Ville d'Espagne, Capitale de l'Estramadoure & de tout le Portugal. *Olisipo*, ou *Liberalitas Julia*.

La Lithuanie, grande partie de la Pologne. *Venedi*.

La Livadie, Province de la Turquie Européane. *Hellas*.

La Livenza, petite Riviére d'Italie, dans l'Etat de Venise. *Liquentia*.

Liverdun, Bourg & Forteresse de Lorraine, dans le Toulois. *Liberdunum*, ou *Liberum dunum*.

Livourne, Ville maritime d'Italie, dans la Toscane. *Portus Herculis Labronis*.

Livri en Aunoi, Village à trois lieues de Paris, sur le chemin de Meaux. *Liberiacum Alnetense*.

Llorca, Ville ou Village d'Espagne, dans le Roiiaume de Murcie. *Ilorci Oretanorum*.

Le Lobrégat, petite Riviére d'Espagne, dans la Catalogne. *Rubricatus*.

Loches, Ville de Touraine, sur l'Indre. *Luccæ*, ou *Lucacæ*.

Lodève, Ville de France, en Languedoc, sur le Lergue. *Leuteva*, ou *Forum Neronis Arecomicum*.

Lodève, Village d'Italie, dans le Milanès. *Laus vetus Insubrum*, ou *Laus Pompeia*.

Lodi, Ville d'Italie, dans le Milanès, Capitale du Lodésan. *Laus nova*, ou *Laus Julia nova Insubrum*.

Le Loet, petit ruisseau de Beauce, qui tombe dans la Juine à Etampes. *Loa*.

Le Logh, petite Riviére d'Irlande. *Ausoba*.

Loharre, Ville ou Village d'Espagne, dans l'Aragon. *Calaguris*, ou *Julia Nassica Ilergetum*.

Le Loir, petite Riviére de France, dans l'Anjou, qui se jette dans la Sarte. *Lidericus*.

La Loire, Fleuve de France, qui entre dans l'Océan. *Liger*.

Le Loiret, petite Riviére de France, dans l'Orléanois où il se décharge dans la Loire. *Ligerinus*.

Loisei, Village de Lorraine, dans le Barrois. *Lausiacus*.

La Lomagne, Paiis de l'Armagnac, en Gascogne. *Lactorates*.

Lombès, Ville de France, dans la Gascogne. *Lumberium*, ou *Lumbarium*.

Le Lomme, quartier du Paiis de Liége, entre la Sambre & la Meuse, qui est borné par le Paiis de Namur, le Luxembourg, la Champagne & le Hainaut. *Pagus Lommensis*, *Laumensis*, ou *Lomacensis*, *Tungri Lommenses*.

Londondéri, Ville d'Irlande, Capitale de l'Ulster. *Londinium Silvestre*.

Londres, Ville d'Angleterre, sur la Tamise, Capitale de la Province d'Essex, du Roiiaume d'Angleterre, & de toutes les Isles Britanniques. *Augusta*, ou *Londinium Trinobantum*.

La

La Lône ou la Lâne, petite Riviére d'Allemagne, qui tombe dans le Rhein au dessous du Mein. *Lona.*

Longbu, Village de Normandie. *Longavilla.*

Lons le Saunier. *Voiez*, Lions le Saunier.

Lopadi. *Voiez*, Loubat.

La Lorraine, Province & Duché de France. *Lotharienses*, *Lotharii*, ou *Lotharingi.*

Lorch, Village d'Allemagne, dans l'Autriche. *Lauriacum*, ou *Blaboriciacum Noricorum.*

Lorgues, Ville de Provence, proche Draguignan, au Nord de l'Argens. *Leonicæ.*

Le Lot, Riviére de France, dans le Languedoc, qui tombe dans la Garonne. *Olitis*, ou *Oltis.*

Le Louain, Riviére du Gâtinois, qui passe à Nemours & à Moret, & tombe dans la Seine. *Lupa.*

Loubat, Lopadi, ou Ulubat, petite Ville de la Natolie propre, sur le Rhyndacus, à une lieue au dessous du Lac d'Abouillona. *Metellopolis Plinii*, ou *Apollonia Bithyna nova*, ou *Lopadion.*

Le Loucous, Riviére d'Afrique, en Barbarie, dans le Roiiaume de Fès, où elle se dégorge dans l'Océan. *Lixos.*

Loudun, Ville du Poitou, entre la Dive & la Vienne. *Losdunum.*

La Louisiane, partie de l'Amérique septentrionale. *Ludoviciana.*

Louvain, Ville du Brabant, sur la Thille. *Lovonum*, ou *Lovonium.*

Le Louvat, Riviére de la grande Russie, qui traverse le lac Ilmen & le grand lac Ladoga. *Chesinus.*

Louvre, *Lupara:* Louviers, *Luparia:* Louvois, *Lupicium:* Louvigni, *Lupiniacum:* Louvagni, Louvenci, *Lupaniciacum*; noms de plusieurs Villages & Terres Seigneuriales de France.

Lubec, Ville d'Allemagne, dans le Jutland. *Treva*, ou *Marionis altera.*

Luc, Ville ou Village de France, dans le Dauphiné. *Lucus novus Augusti.*

Lucei, Village de Lorraine, dans le Toulois. *Luciacus.*

Lucéra ou Lusara, Ville d'Italie, dans le Modénois ou dans le Mantouan, sur le Pô. *Nucéria.*

Lucéra delli Pagani, petite Ville d'Italie, dans le Capitanat. *Colonia Luceria.*

Lucerne, Ville de Suisse, Capitale de son Canton, sur le Lac de son nom. *Luciaria.*

Luci, Village de Lorraine, dans le Nitois. *Lasehi.*

Luco, Ville d'Italie, dans l'Abrusse. *Lucus Angitiæ.*

Luçon, Ville de France, dans le Poitou. *Luciopolis.*

Lugde, Ville de Westphalie, sur l'Emmer. *Luda.*

Lugo, Ville d'Espagne, dans la Galice. *Lucus Augusti.*

Lunebourg. *Marionis.*

Lunéville, petite Ville de Lorraine, dans le Paiis Leuquois, sur la Vesouse. *Lunaris villa.*

La Lusace, Marquisat d'Allemagne, dans la Bohême. *Lingæ*, ou *Luzici.*

Lusara. *Voiez*, Lucéra.

Lutach, Ville ou Village d'Allemagne, aux Etats d'Autriche, dans le Tirol. *Littamum Rhætorum.*

Luxembourg, Ville d'Allemagne, dans les Païis-Bas, Capitale du Duché de même nom. *Lusciliburgus.*

Luzignan, Ville du Poitou. *Leziniacum.*

# M.

MACAO, Ville & Port de la Chine, dans l'Isle de même nom. *Amaca.*

Mâcon, Ville de France, dans le Duché de Bourgogne, sur la Sône. *Matisco Æduorum.*

Le Mâconois, Canton de Bourgogne. *Ædui Matisconenses.*

Macheren, nom de deux Villages sur la Moselle, entre Toul & Trèves. *Macusa*, ou *Mecusa.*

Le Machléva, ruisseau de la Turquie Européane, dans la Romanie, qui vient du Nord-Ouest, & tombe dans le Barbisès. *Cydarus.*

Macronisi, petite Isle de la Turquie Européane, proche de la Livadie, à quatre lieues de Zia. *Helene*, *Cranae*, *Macris*, ou *Macronesus.*

Madagascar, grande Isle d'Afrique, dans l'Océan, vers la côte orientale. *Menuthias*, ou *Cerne Æthyopica.*

Madere, Isle d'Afrique, dans l'Océan, à la hauteur des côtes de Barbarie, vis-à-vis le Roiiaume de Maroc. *Cerne Atlantica.*

Madiere, Village de Lorraine, dans le Scarponois. *Magdera.*

Le Madon, petite Riviére de Lorraine, qui traverse le Païis de Mircour & le Saintois, passe à Mircour, reçoit le Brenon, & tombe dans la Moselle. *Madonia.*

Madonia, Montagne de Sicile, entre le Mont Gibel & Termini. *Nebrodes.*

Maduré, Ville d'Asie, dans l'Inde occidentale, sur la côte de Coromandel. *Modura.*

Magdebourg, Ville d'Allemagne, dans la basse Saxe, sur l'Elbe. *Parthenope*, autrement, *Parthenopolis*, ou *Mesvium Saxonum.*

La Magra, Riviére d'Italie, qui sépare l'Etat de Gènes de la Toscane. *Macra.*

Magrida ou Mégérada, Ville d'Afrique, en Barbarie, dans le Roiiaume de Tunis, sur la Riviére de même nom. *Bagradas.*

Le Magrida ou le Mégérada, Riviére d'Afrique, en Barbarie, dans le Roiiaume de Tunis. *Bagradas.*

Maida, Ville d'Italie, dans le Roiiaume de Naples, sur un petit ruisseau à quelques lieues de la Mer, au pied de l'Apennin. *Lametum.*

Maience, Ville de la haute Allemagne, Capitale de l'Electorat de même nom. *Moguntiacum Vangionum.*

Le Païis, ou Diocése de Maience. *Vangiones.*

Maienne, Ville de France, dans le Maine, sur la Riviére de Maîne. *Meduana.*

Le Maine, Province de France. *Aulerci Cenomani.*

La Maîne, Riviére de France, qui tombe dans la Loire en Anjou. *Meduana.*

Mainland, Isle, une des petites Britanniques, & la principale des Isles d'Orcnes aux environs de l'Ecosse. *Pomonia Austrina*, ou *Romona.*

Majorque, Isle d'Europe, dans la Méditerrannée, proche l'Espagne. *Balearis major.*

Majorque, Ville capitale de l'Isle de même nom, en Europe, dans la Méditerrannée, proche l'Espagne. *Palma.*

Maisi, Maiset, Masi, noms de Villages ou de Terres. *Mansiuncula.*

Maisieres, Village de Lorraine, dans le Saintois. *Maceria Segintenses.*

Maisoncelle, Village de Normandie. *Mansiuncella.*

Le Malabar, Roiiaume d'Asie, dans l'Inde. *Limyrice.*

Malaca, Roiiaume d'Asie, dans l'Inde orientale. *Tacola.*

Malatour, petite Ville du Bassigni. *Martia Turris.*

Les Maldives, Isles de l'Océan, au Sud de l'Asie. *Maldivæ Insulæ.*

Maldon, Ville ou Village d'Angleterre, dans l'Essex. *Camalodunum Tribonantum.*

Malgue ou Malagua, Ville d'Espagne, dans le Roiiaume de Grenade, sur le Guadalquivircio ou le Fiu-Grandé. *Malaca.*

Malenoue, Village & Abbaiie de l'Isle de France. *Malum Nucetum. Faguletum.*

Malines, Ville du Brabant, sur la Dile ou la Thille. *Malinæ.*

Mallorca ou Méloria, Isle d'Italie, proche des côtes de Toscane. *Manaria.*

Malte, petite Isle d'Italie, au Sud de la Sicile. *Melita Sicula.*

Maltot, Village de Normandie, dans le Bessin, sur l'Orne. *Mala Tofta.*

Le Mamel, petite Riviére qui se décharge dans la Mer Baltique au-delà de la Vistule. *Chronus.*

Man, petite Isle Britannique, entre la grande & la petite Bretagne. *Mona Borea*, ou *Mona Cæsaris.*

Manchester, Ville ou Village d'Angleterre, dans le Northumberland ou dans le Païis de Galles. *Mancunium Brigantum.*

Manchester, petit Village d'Angleterre, en Mercie, dans le Duché de Berwick. *Manduessedum Cornaviorum.*

Le Mandinga, Province d'Afrique, dans la Nigritie, vers l'embouchure du Niger. *Daradi.*

Mandragoia, méchant Village de la Natolie propre. *Mandrapolis Mysiæ.*

Mandre, Village de Lorraine, dans l'Ornais. *Mandeles.*

Mandre aux quatre tours, Village de Lorraine, dans le Païis de Carme. *Minderia.*

Manfredonia, Ville d'Italie, Capitale du Capitanat. *Sipontum novum.*

Les Manilles. *Voiez*, les Isles Philippines.

Manoncourt, Village de Lorraine, dans le Vermois. *Manico curtis.*

Manosque, Ville de Provence, dans le milieu, proche de la Durance. *Manuesca.*

Manrèse, Ville ou Bourg d'Espagne, en Catalogne. *Bacasis Lacetanorum.*

Le Mans, Ville de France, Capitale du Maine. *Subdinnum Cenomanorum.*

Mante le Château, Ville de France, sur la Seine, dans le Paiis Chartrain, Capitale du Paiis Mantois. *Petromantalum Carnutum.*

Mante la Ville, Village du Paiis Chartrain, proche de Mante le Château, sur le Vaucouleurs. *Mantalum Villa.*

Mantia. *Voiez* Amantia.

Le Mantois ou le Doienné de Mante, Canton du Diocése de Chartres, entre les embouchures de la Maudre & du Blaru, dans l'Isle de France. *Pagus Madriacensis*, ou *Carnutes Madriacenses.*

Le Mantouan, Province d'Italie. *Cenomani transducti.*

Le Maragnon, autrement la Riviére des Amazônes, Fleuve de l'Amérique méridionale, qui s'embouche au Brésil dans l'Océan. *Marano.*

Maras, Ville de la Turquie Asiatique, en Natolie, dans l'Aladuli. *Carmala*, autrement, *Marala*, ou *Metita.*

Marat, Village d'Alsace, dans le Sargau. *Martis Ara.*

Marbella, Ville d'Espagne, sur Rio Verdé. *Barbesul*, ou *Barbesola.*

Marbeuf, Village de Normandie. *Maria Villa.*

Le March, petite Riviére de Moravie, qui passe à Olmutz, & se rend dans le Danube. *Marus.* Autrement, la Morave.

La Marche, Province de France. *Marca Bituricensis.*

La Marche d'Ancône, Province d'Italie, le long du Golfe de Venise. *Picenum*, ou *Piceni*, ou *Picentes.*

La Marche en Famine, dans le Paiis du Luxembourg. *Marca Falemannica.*

La Marche Limosine. *Marca Lemovicensis.*

La Marche Poitevine. *Marca Pictaviensis.*

La Marche Trévisane, Paiis d'Italie, dans l'Etat de Venise. *Euganei.*

Les Marches Normandes, ou la Campagne d'Alençon. *Marca Sagiensis.*

Marétamo, Isle d'Europe, dans la Méditerranée, proche la Sicile, à la pointe du Val de Masara. *Hiera.*

Mareuil sur Cher, Village de Touraine, aux confins du Berri & du Blésois. *Maroialum Turonum. Marogilum.*

Margedoverton, Ville ou Village d'Angleterre, dans la Mercie. *Margidunum Coritanorum.*

Marignane, petite Ville de Provence. *Maritima Colonia Avaticorum.*

La Marisa, Riviére de la Turquie Européane, dans la Romanie. *Hebrus*, ou *Rhombus.*

Marli, Village de l'Isle de France, entre Saint-Germain en Laie & Versailles. *Malliacum.*

La Marne, Riviére de France, qui tombe dans la Seine, une lieue & demie au dessus de Paris. *Matrona.*

Maroc, Roiiaume d'Afrique. *Marrucini.*

Maroc, Ville d'Afrique, en Barbarie, Capitale du Roiiaume de son nom. *Bocanum Hemerum.*

Le Marocs, petite Riviére de la Turquie Européane, qui vient des Monts Crapacs, & tombe dans la Teisse. *Rhabon*, ou *Marisus.*

Marogna, Ville maritime de la Turquie Européane, dans la Romanie. *Maronea.*

Maroles, Village de l'Orléannois, dans la Forêt d'Orléans. *Maroialum Carnutum. Matriola.*

Marpurg, Ville d'Allemagne, dans la Hesse, sur le Lohn. *Castrum Mattiacorum*, ou *Mattium.*

Le Marro, petite Riviére d'Italie, dans la Calabre. *Metaurus.*

Marsal, Ville de Lorraine, dans le Saunois, sur la Seille, au dessus de Moienvic. *Bodatium*, ou *Marsallum.*

Marsalla, Ville de Sicile grande Isle d'Europe, dans la Méditerranée, proche l'Italie. *Lilibaum.*

Marsalquivir, Ville & Port d'Afrique, dans la Barbarie. *Portus magnus Libya.*

Le Marsan, Paiis de Gascogne. *Martianum.*

Marseille, Ville & Port de France, dans la Provence, sur la Méditerranée. *Massilia nova Commonorum*, ou *Phocaorum.*

Marsico, Ville ou Village d'Italie, dans le Principat. *Marsicum Abellinatium.*

Marsson, Village de Lorraine, dans le Paiis de Blois. *Martis sonus.*

Martignac ou Martigni, Village d'Allemagne, aux Etats de Suisse, dans le Valais. *Octodurus novus Veragrorum.*

Martigues, Ville ou Village de France, sur les côtes de Provence. *Maritima Colonia Anatiliorum.*

La Martinique, une des Antilles Caraibes. *Madanina.*

Martorello, Village d'Espagne, dans la Catalogne, sur le Lobrégat. *Telobis Lacetanorum.*

Martos, Ville ou Village d'Espagne, dans l'Andalousie, auprès le Salado de Porcuna, entre Jaen & Cordoue. *Augusta gemella Tuccitana.*

Maruéjols, Ville du Gévaudan. *Marilogium.*

Le Mas d'Asil, en Languedoc, dans le Toulousan. *Asilum*, ou *Mansus Asilli.*

Le Mas, Village de France, dans la Gascogne, proche Aire. *Opidum Sontiatum.*

Le Mas, nom de plusieurs petites Villes & Villages de France. *Mansio.*

Le Masanderan, Province de Perse, le long de la Mer Caspienne. *Hircania.*

Masira, Isle, dans la Mer d'Arabie. *Organa*, autrement, *Ogyris*, ou *Serapidis Insula.*

Massède, Village d'Allemagne, aux Etats de Suisse, chez les Grisons. *Tarvessedum Rhætorum.*

Mastricht, Ville d'Allemagne, dans les Païs-Bas, sur la Meuse. *Trajectus Mosæ*, ou *Trajectus superior.*

Matélica, petite Ville d'Italie, dans l'Ombrie. *Matilica Umbrorum.*

Matéra, Ville d'Italie, dans la Terre d'Otrante. *Mateola.*

Matieu, Village de France, en Normandie, dans le Bessin, à une lieue & demie de Caen & de la Mer. *Mathomum in Biducassibus.*

Matrai, Ville ou Village d'Allemagne, aux Etats d'Autriche, dans le Tirol. *Matreium Rhætorum.*

Mauguio ou Melguel, Place sur l'Etang de Tau, en Languedoc. *Melgorium.*

Le Maulo ou Fiume di Ragusa, petite Riviére de Sicile. *Hirminius.*

Maurepas, Village de l'Isle de France, sur la Maudre. *Malus pastus.* Il y en a encore d'autres de ce nom dans la France.

Maurich. *Manaritium.*

La Maurienne, Canton de Savoie. *Allobroges Mauriani*, ou *Vallis Mauriana.*

Mauromolo, Village de la Turquie Européane, qui sert de Port à Belgrade de Romanie, sur le bord de la Mer Noire, au Nord des Isles de Pavonare. *Phinopolis.*

Mauvage, Village de Lorraine, dans le Païs de Blois. *Malvagia.*

Méan, Village d'Allemagne, aux Etats d'Autriche, dans le Tirol, ou d'Italie dans l'Etat de Venise. *Semiana Rhætorum.*

Méautis, Village de France, en Normandie. *Meltis.*

Meaux, Ville de France, dans la Champagne, sur la Marne. *Jatinum Meldorum.*

Méchoacan, Ville d'Amérique, dans le Méxique méridional. *Gangarea.*

Mécran, Province maritime de Perse. *Gedrosia*, ou *Aberites.*

Médelin ou Médélino, Ville d'Espagne, dans le Portugal, sur la Guadiana. *Metallinum*, ou *Metellinum Lusitanorum.*

Medina Sidonia, Ville d'Espagne, dans l'Andalousie. *Asidon.*

Médine, Ville de la Turquie Asiatique, dans l'Arabie. *Methymna*, autrement, *Jatrippa*, ou *Latrippa Arabum.*

Le Païs de Médoc, dans le Bourdelois, le long de la Mer. *Meduli.*

Médolo, Ville ou Village d'Italie, dans le Modénois. *Mutilum.*

Le Mégérada. *Voiez le Magrida.*

Mégra, Ville de la Turquie Européane, dans la Livadie, proche d'Astines. *Megara.*

Méienfeld, Ville d'Allemagne, aux Etats d'Autriche, dans le Tirol, sur le Rhein. *Magia Rhætorum.*

Mékelbourg, Duché d'Allemagne, dans la Saxe septentrionale. *Angili.*

Le Mélantois, en Flandre, un des quartiers de la Chatellenie de Lille. *Medenantum.*

Mélazzo, Ville de la Turquie Asiatique, dans la Natolie, proche la côte occidentale. *Mylasa.*

Méléda, petite Isle de la Turquie Européane, dans le Golfe de Venise, le long des côtes de la Dalmatie. *Melite Dalmatica.*

La Melfa, petite Riviére d'Italie, dans la Campagne de Rome, qui tombe dans le Garigliano. *Melpis.*

La Melfa ou la Melpa, petite Riviére d'Italie, dans le Basilicat ou dans le Principat. *Melpes.*

Melguel. *Voiez*, Mauguio.

Méliapor, Ville d'Asie, dans l'Inde occidentale, sur la côte de Coromandel. *Maliapura.*

Mélilli, petite Ville ou Bourg de Sicile, dans le Val de Noto, entre Lentini & Siragusa. *Hybla minor*, *Galeotis*, *Megara.*

Melk. *Nomares.*

Melun, petite Ville de l'Isle de France, Capitale du Gatinois. *Melodunum Senonum.*

La Membrole, lieu ou Village de Touraine, entre la Loire & la Choisille. *Mons Budelli.*

Memmingen, Ville d'Allemagne, en Souabe, sur l'Iller. *Rostrum Nemaviæ.*

Mende, Ville de France, en Languedoc, dans le Gévaudan, sur le Lot. *Mimate Gabalorum.*

Mendocino, Ville ou Village d'Italie, dans la Calabre. *Pandosia Bruttiorum.*

Ménéo, Ville ou Village de Sicile. *Menana.*

Le Ménil, nom de quelques Villages & Seigneuries de France. *Manile.*

Ménil-la-Tour, Village de Lorraine, dans le Toulois. *Manile Turritum.*

Ménilbu, Village de Normandie. *Manili Villa.*

La Mecque, Ville de la Turquie Asiatique, dans l'Arabie. *Marraba.*

Méquinensa, Ville d'Espagne, dans la Catalogne, sur l'Ebre, au confluent de la Ségre. *Octogesa Ilergetum.*

La Mer Caspienne, autrement, la Mer de Bacu ou de Sala, entre la grande Russie, la grande Tartarie, la Perse, & la Turquie Asiatique. *Mare Caspium.*

La Mer Glaciale, au Septentrion de la Norvège, de la Suede, & de la grande Russie. *Mare Cronium*, ou *Gronium.*

La Mer Glaciale, au Nord de la grande Tartarie. *Mare Almachicum.*

La Mer de Martigues, en France, dans la Méditerranée,

sur les côtes de Provence. *Lacus Mastramela.*

La Mer Rouge ou la Mer de la Mecque, entre l'Egypte & l'Arabie. *Sinus Arabicus. Voiez*, le Golfe Arabique.

Méri, Village de l'Isle de France, sur l'Oise, au dessous de Stors. *Madriacum Parisiorum.*

Mérida, Ville d'Amérique, au Méxique méridional, dans la Province d'Iucatan. *Emerita Mexicana.*

Mérida, Ville d'Espagne, en Estramadoure, sur la Guadiana. *Emerita Augusta.*

Mériel, Village de l'Isle de France, proche de Méri. *Madriacellum Parisiorum.*

Mersbourg, Ville d'Allemagne, dans la Saxe méridionale, sur la Sala. *Areopolis*, ou *Martis Burgus.*

Mertola, Ville d'Espagne, en Portugal, dans les Algarves, sur la Guadiana. *Myrtilis.*

Le Paiis Messin, canton de Lorraine, autour de Mets. *Mediomatrices*, ou *Mediomatrici.*

Messine, Ville de Sicile, Capitale de toute l'Isle. *Messana*, ou *Zancle.*

Les Messinois, Peuples de Messine en Sicile. *Mamertini.*

Mételin, Isle d'Asie, dans la Méditerranée, proche les côtes occidentales de la Natolie. *Lesbos*, ou *Ægira*, autrement, *Hamerte.*

Mételin, Capitale de l'Isle de même nom, dans la Méditerranée. *Mytilene.*

Metling, Ville d'Allemagne, dans l'Autriche. *Metulum.*

Mets, Ville de France, en Lorraine, sur la Moselle. *Divodurus Mediomatricorum.*

Meudon, Village de l'Isle de France, proche de Paris. *Medo. Modunum.*

Meulan, Ville du Vexin François, sur la Seine, entre Poissi & Mante. *Mellentum Velocassium.*

Meun, petite Ville de France, dans l'Orléanois, sur la Loire. *Magdunum Carnutum.*

Meun sur Ièvre, petite Ville du Berri. *Mediolanum Biturigum.*

Meunia, Ville d'Egypte. *Oxyrinchus.*

Meüoillon, Village & Baronie du Dauphiné, dans le Paiis des Baronies. *Medullio.*

La Meurte, petite Riviére de France, en Lorraine, qui tombe dans la Moselle. *Murta.*

La Meuse, Riviére de France & d'Allemagne, qui reçoit un bras du Rhein dans les Paiis-Bas, & se jette dans l'Océan. *Mosa.*

Le Méxique méridional, ou l'ancien Méxique, autrement, l'Ahuaca, partie de l'Amérique septentrionale. *Mexicum Aquense*, ou *Tenuchtitlania.*

Méxique, Ville de l'Amérique septentrionale, Capitale de l'ancien Méxique. *Tenuchtitlanum.*

Micouli, petite Isle dans l'Archipel de la Méditerranée, de douze lieues de tour, à dix lieues de Naxie, à quatorze de Nicaria, & à six du Port de Tine. *Micone.*

Middelbourg, Ville d'Allemagne, aux Paiis-Bas, Capitale de la Zélande. *Mediolanum*, ou *Medioburgium Toxandrorum.*

Midlaren, Village d'Allemagne, aux Paiis-Bas, dans la Frise. *Mediolarium Frisiorum.*

Il Mignoné, petite Riviére d'Italie, dans la Toscane. *Minio.*

Milan, Ville d'Italie, Capitale du Milanès. *Mediolanum Insubrum.*

Le Milanès, Province & Duché d'Italie. *Insubres.*

Milanzai, Bourg de France, en Orléanois, dans le Comté de Blois. *Militia Cæsaris.*

Milarèse, ruines d'une ancienne Ville d'Espagne, proche le détroit. *Mellaria.*

Milazzo ou Mélazzo, Ville maritime de Sicile. *Myla.*

Milden ou Mouldon, Ville d'Allemagne, dans la Suisse. *Minnidunum Helvetiorum.*

Millau, Ville du Rouergue. *Æmilianum Ruthenorum.*

Milo, Isle d'Europe, dans l'Archipel, une des Ciclades. *Melos.*

Le Minio, petit Paiis d'Egypte, dans le Saïd. *Thebea.*

Minorque, Isle d'Europe, dans la Méditerranée, proche de l'Espagne. *Balearis minor.*

Minorville, Village de Lorraine, au Paiis de Carme. *Minerva Villa.*

Mirabeau ou Mirabel, Ville de l'Isle de Candie. *Minoa nova.*

Mircourt, Ville de Lorraine, Capitale du Paiis de son nom, sur le Madon. *Mercurii Curtis.*

Mirebeau, Ville de Poitou. *Mirebellum.*

Le Mirebalais, canton du Poitou, autour de Mirebeau. *Pictones Mirebellenses.*

Mirepoix, Ville de France, en Languedoc, dans le Comté de Foix. *Mirapicum*, ou *Mirapica.*

Misitra, Ville de la Turquie Européane, en Morée, dans le bras de Maino. *Lacedamon*, ou *Sparta.*

Mistretta, Ville de Sicile, dans le Val de Démona. *Amastra*, ou *Mutistratus.*

Modéne, Ville d'Italie, Capitale du Modénois. *Mutina.* ou *Sparta.*

Le Modénois, Province d'Italie. *Boii transducti.*

Modica, Ville de Sicile. *Motyca*, ou *Mutyce.*

Moien, Village de Lorraine, dans le Leuquois, sur la Mortagne. *Arx media.*

Moienmoutier, Abbaie de Lorraine, au Paiis des Leuquois, dans le Chaumontois, sur le Rabodeau, entre Estival & Senonces. *Medianum Monasterium.*

Moienvic, petite Ville de Lorraine, dans le Saunois, sur la Seille. *Mediovicus.*

Moigneville, Village de Champagne, dans le Perthois, sur le Saux. *Magnia villa.*

Moiland, Village d'Allemagne, dans les Paiis-Bas. *Mediolanum Gugernorum.*

Molina, Château d'Espagne, en Grenade. *Suel.*

Molisse, Province & Comté d'Italie. *Pentri.*

Molisse, Ville d'Italie, Capitale du Comté de même nom. *Melæ Pentrorum.*

Le Mollai, Village du Bessin, proche de Baieux. *Sabuletum.*

Molle, autre Village du Bessin, proche de Baieux. *Sabuletum.*

Monaco, Ville d'Italie, sur la côte de Piémont. *Portus Herculis Monæci.*

Le Moncaio, Montagne d'Espagne, dans l'Arragon, proche Tarasone. *Mons Caius.*

Moncel, Village ou Terre de Lorraine, dans le Soulossois. *Monticelli.*

Moncéleze, Ville ou Village d'Italie, dans l'Etat de Venise. *Mons Silicis.*

Moncourt, Village du Portois Bourguignon. *Vagomondi Curtis.*

Le Mondégo, petite Riviére d'Espagne, dans le Portugal, entre le Douro & le Tage. *Munda.*

Mondeville, nom de plusieurs Terres ou Villages. *Amondi Villa.*

Mondognédo, Ville d'Espagne, dans la Galice. *Mindon*, ou *Mindonia.*

Mondoubleau, petite Ville du Vendômois, entre Montmiral & Vendôme. *Mons Dublelli.*

Mondragon, Montagne d'Italie, dans la Campagne de Rome. *Falernus.*

Monomotapa, Ville de l'Afrique méridionale, Capitale du Roiiaume de même nom. *Agisimba.*

Le Monomotapa, partie & Roiiaume de l'Afrique méridionale. *Agisimbia.*

Mononville, Village de Lorraine, dans le Barrois, sur la Meuse. *Mononis Villa.*

Mons, Ville d'Allemagne, aux Païis-Bas, Capitale du Comté de Hainault, sur la Trouille. *Mons Castrilucius*, ou *Castrilocus Nerviorum.*

Le Mont Bosberg ou Bosen, partie du Mont Jura en Allemagne, dans la Suisse, entre Soleure & Vindisch. *Mons Vocetius.*

Mont-Brison, Capitale du Forès. *Mons Brisonis.*

Le Mont de la Canée, dans l'Isle de Candie. *Tityrus.*

Mont-Colobré, petite Isle ou Rocher d'Espagne, dans la Méditerranée, vis-à-vis le Roiiaume de Valence. *Colubraria.*

Mont-Dragon, petite Ville ou Bourg de Provence, sur les confins du Tricastin. *Mons Draconis.*

Le Mont de la Fourche, partie du Mont Saint Godard en Allemagne, dans la Suisse. *Mons Juberus.*

Le Mont Gibel, en Sicile, dans le Val de Démona. *Ætna.*

Le Mont de Saint Godard, en Allemagne, sur les confins de la Suisse. *Adula.*

Le Mont Joui, dans l'Espagne, proche Barcelone en Catalogne. *Mons Jovius.*

Le Mont Jura ou le Mont Saint Claude, qui s'étend depuis

le Rhein jusqu'au Rhône, entre la Suisse & la France. *Jurassus*, ou *Jus*, au pluriel, *Jures*.

Le Mont de Somme, en Italie, dans la Terre de Labour, proche Naples. *Vesuvius*, autrement, *Vesevus*, ou *Vesvius*.

Le Mont de Vauge, en France, dans la Lorraine. *Vogesus*.

Mont le Vignoble, Village de Lorraine, dans le Toulois. *Mons Vinosus*.

La Montagne, Païis de la Bourgogne occidentale. *Lingones Montani*.

La Montagne de Sainte Hélie, dans l'Isle de Micouli. *Dimastos*.

La Montagne de Kentro, voisine du Mont Ida, dans l'Isle de Candie. *Cedrios*.

La Montagne de Males, dans l'Isle de Candie, proche de Girapetra. *Pytna*.

Montagne de Samson, sur les côtes de la Natolie occidentale, vis-à-vis l'Isle de Samos, sur le petit Boghas. *Mycale*.

Montagnes de la Sfachia, dans l'Isle de Candie, aux environs de la Canée. *Montes albi*.

Les Montagnes de Sitié, dans l'Isle de Candie, vers Mirabeau. *Dicta*.

Montalto, Village d'Italie, dans la Calabre. *Sipheum Bruttiorum*.

Montauban, Ville de France en Guienne, dans le Querçi, sur le Tarn. *Mons Aureolus novus*, ou *Fines Cadurcorum*.

Montargis, Ville du Gâtinois, sur le Loin. *Velaunodunum Senonum*, ou *Argimons*.

Monté-Cavallo, quartier de la Ville de Rome. *Mons Quirinalis*.

Monté-Christo, petite Isle d'Italie, le long des côtes de Toscane, proche Pianosa. *Oglasa*.

Monté dell'Olmo, Ville d'Italie, dans la Marche d'Ancône. *Pausulæ Picenæ*.

Monté Fiasconé, Ville d'Italie, dans la Toscane. *Trossulum Etruscum*.

Monté Lioné, Ville d'Italie, dans la Sabine. *Trebulæ Mutuscæ*.

Monté Négro, Montagne de la Turquie Asiatique, entre la Natolie & la Sourie. *Amanus*.

Monté San Juliano, Montagne de Sicile, dans le Val de Masara, proche Trapano. *Eryx*.

Montéjan, Place d'Anjou, sur Loire, près d'Ingrande. *Mons Johannis*.

Montélimar, Ville de Dauphiné, dans le Valentinois. *Montelium Adhemari*.

Montereau Fautionne, petite Ville de France, dans le Gâtinois, où l'Ionne entre dans la Seine. *Condate Senonum*.

Montès Clavos, grande Montagne de l'Afrique septentrionale. *Atlas*.

Montesquiou, en Armagnac, sur l'Osse. *Tasta Ossidatium*, ou *Osquidatium*, ou *Mons Osquidatium*, *in Ausciis*.

Monticelli. *Voiez*, Santangélo.

Montiers, Ville d'Italie, en Savoie, Capitale de la Tarentaise. *Forum Claudii.*

Montiel, Ville d'Espagne, vers les frontiéres de la Guadiana. *Laminium.*

Montier sur Saux, Village de Lorraine, dans le Barrois. *Monasterium ad Saltum.*

Montiviliers, gros Bourg de France, en Normandie, dans le Paiis de Caux. *Monasterium Villare.*

Montlhéri, petite Ville de l'Isle de France, dans l'Hurepoix, proche l'Orge, entre Arpajon & Lonjumeau. *Mons Leterici.*

Montmarte, petite Montagne de l'Isle de France, tout proche Paris. *Mons Martis*, ou *Mercurii.*

Montori, Ville ou Village d'Espagne, dans l'Andalousie. *Epora*, ou *Ripepora.*

Montorio, Ville ou Village d'Italie, dans la Romagne, sur la Corrèse. *Suffena*, ou *Suffenas Sabinorum.*

Montpellier, Ville de France, dans le Languedoc. *Mons Pessulanus*, ou *Pelerius.*

Montreuil, petite Ville de France, en Picardie, sur la Canche, proche la Mer. *Monasteriolum Ambianorum.*

Montreuil Bellei, Ville du Saumurois en Anjou, sur la Toue ou le Touet. *Monasteriolum Berlaii.*

Montroignon, en Auvergne, proche de Clermont. *Mons rugosus.*

Les Monts de la Chimere ou du Diable, dans la Turquie Européane, en Albanie. *Acroceraunia*, ou *Montes Ceraunii.*

Les Monts Crapacs, en Europe, entre la Pologne & la Turquie Européane. *Carpates*, ou *Rupes Sarmatica.*

Morhange, Village ou petite Ville de Lorraine, dans le Saunois. *Morlinga.*

La Morave, Riviére de la Turquie Européane, qui tombe dans le Danube. *Pincus*, ou *Pingus*, ou plutôt *Marus.*

La Moravie, Paiis d'Allemagne. *Quadi.*

La More, petite Riviére d'Irlande. *Dabrona.*

La Morée, Presqu'Isle de la Turquie Européane. *Peloponnesus*, autrement, *Apia*, ou *Pelasgia.*

Morella, petite Ville d'Espagne, dans le Roiiaume de Valence, sur les confins de la Catalogne. *Biscargis Ilercaonum.*

Moresbi, Ville ou Village d'Angleterre, en Northumberland, dans le Cumberland. *Morbium Brigantum.*

Moret, Ville du Gâtinois, sur le Loin, proche de son embouchure dans la Seine. *Muritum*, ou *Murittum.*

Morgo, Isle d'Europe, une des Sporades, dans la Méditerranée, proche Naxie. *Amorgus.*

Morlai, Village de Lorraine, dans le Barrois, sur la Saux. *Morlacum.*

Morlais, Ville de la Bretagne occidentale, dans l'Evêché

de Tréguier. *Mons relaxus Osismiorum.*

Morpet ou Morpit, Ville ou Village d'Angleterre, dans le Northumberland. *Morstorpitum Ottadinorum.*

Mortagne, principale Ville du Perche. *Moritonia*, ou *Moritania.*

La Mortagne, ruisseau de Lorraine, dans le Chaumontois, qui tombe dans la Meurte. *Murtana.*

Mortain, petite Ville de Normandie, dans l'Avranchin, sur la Canche. *Moritolium Abrincatuorum.*

Le Morvan, canton de Nivernois & de Bourgogne. *Ædui Morvinni.*

Morvèdre, ruines d'une ancienne Ville en Espagne, dans le Roiiaume de Valence. *Saguntbus.*

Moscovie, Province & Duché de la grande Russie. *Hamaxobii.*

La Mosellane, Paiis de Lorraine, dans le Leuquois, entre le Nitois, le Salinois, le Scarponois, la Voivre, le Verdunois, & l'Electorat de Trèves. *Mosellani*, ou *Mosellenses*, autrement, *Mediomatrici.*

La Moselle, Riviére qui coule dans la Lorraine & dans la haute Allemagne. *Mosella*, ou *Mosula.*

Mosul, Ville de la Turquie Asiatique, dans le Diarbec. *Ninive*, *ou Ninus nova.*

La Motta, petite Ville d'Italie, dans l'Etat de Venise. *Pons Liquentia.*

Mou, Village de la Campagne de Caen, proche d'Argences. *Sabulo.*

Mouldon. *Voiez*, Milden.

Moulins, Ville de France, Capitale du Bourbonnois. *Gergovia Boiorum Celticorum.*

Le Moulon, petite Riviére de France, dans le Berri. *Molo.*

Le Mounster, Province d'Irlande. *Momonia.*

Mouson, Ville de Champagne, sur la Meuse, entre Stenai & Sédan. *Mosomagus Remorum.*

Le Mouson, petite Riviére du Soulossois en Lorraine, qui tombe dans la Meuse entre Noncourt & Neuchâteau. *Mosuna.*

Moutiers, Ville de Provence, peu loin de Riès, entre l'Asse & le Verdon. *Monasterium Salyum.*

Moutrot, Village de Lorraine, dans le Toulois. *Mutonis Villa.*

Mozza, Ville ou Village d'Italie, dans le Milanès. *Moguntiacum*, ou *Modicia Insubrum.*

Mucidan, Ville de Périgord, sur l'Ille. *Mulcedonum.*

Mufiti, Village d'Italie, dans le Principat. *Amsanctus.*

Mufiti, Marais d'Italie, dans le Principat. *Lacus Amsanctus.*

Mula, une des Isles Vesternes, au couchant de l'Ecosse. *Maleos.*

Le Mulcien, territoire de Meaux, partie de la Brie. *Meldi.*

Munic, Ville d'Allemagne, Capitale de la Baviére. *Isinisca Isarcorum.*

Municdam, Ville de la Nort-Hollande ou de l'Oueſt-Friſe, ſur le Zuiderzée. *Moles Municia.*

Munſter, Ville d'Allemagne, Capitale de Weſtphalie. *Mediolanum*, ou *Miningroda Saxonum.*

Murano, Village d'Italie, dans le Principat. *Summuranum Lucanorum.*

Murau, petite Ville d'Allemagne, dans la Baviére, dans la Franconie, ou dans l'Autriche. *Pons Muri.*

Murcie, Ville d'Eſpagne, Capitale du Roiiaume de ſon nom. *Virgilia Baſtitanorum*, ou *Menlaria Conteſtanorum.*

Mureaux, Village de Lorraine, dans l'Ornais. *Miravallis.*

Muret, Ville de Gaſcogne, dans le Comingeois, ſur la Garonne, au deſſus de Toulouſe. *MurellumConvenarum.*

Muro d'Iccarini. *Voiez*, Carini.

Muſin, Village de Lorraine, dans le Chaumontois, ſur la Moſelle. *Meſſana Calvomontenſis.*

Muxacra, Ville d'Eſpagne, ſur les côtes de Grenade. *Murgis.*

Muzon, Ville d'Allemagne, en Autriche, ſur le Neuſidlerſée. *Mutenum Pannoniorum.*

## N.

Le Nahe, petite Riviére d'Allemagne, qui tombe dans le Rhein à Binch. *Nava.*

Nahebruc ou Naumbourg, Ville de la haute Allemagne, dans le Palatinat, ſur le Nahe. *Amagetobriga.*

Namur, Ville de la baſſe Allemagne, ſur la Meuſe, au confluent de la Sambre. *Namucum*, *Manucum*, ou *Manuvium Tungrorum.*

Nanci, Ville de France, Capitale de la Lorraine. *Nanceium*, *Nancum*, *Nanſium*, & *Nanſides in Leucis.*

Le grand Nançoi, Village de Lorraine, dans le Barrois. *Nanſitum.*

Nanfio, Iſle de la Méditerranée, dans l'Archipel, entre Nio & Santorin, qui n'a que cinq ou ſix lieues de tour. *Anaphe*, ou *Membliaros.*

Nanterre, Village de l'Iſle de France, entre Paris & Saint-Germain. *Nemetodorum.*

Nantes, Ville de France, en Bretagne, Capitale du Comté Nantois, ſur la Loire. *Condivicnum Namnetum*, ou *Condivincum*, ou *Corbilo.*

Nanteuil, Village de Normandie. *Lentolium*, ou *Nantoilum.*

Nantouillet, Village de Normandie. *Lentolietum.*

Nantua, Ville du Bugei, dans la Breſſe. *Nantuadum*, ou *Nantuacum.*

Naples, Ville d'Italie, Capitale de la Terre de Labour. *Neapolis*, ou *Parthenope nova.*

Napli ou Napoli de Romanie, Ville de la Turquie Européane, dans la Morée. *Nauplia*, ou *Argos Vetus.*

Naplouse, Ville de la Turquie Asiatique, dans la Sourie. *Flavia Neapolis*, ou *Mamortha.*

Narbonne, Ville de France, dans le Languedoc, sur un Canal de l'Aude, nommé la Robine. *Narbo Martius Atacinorum.*

Le Narbonois, ou territoire de Narbonne, en France, dans le Languedoc. *Atacini.*

Nardo, Ville ou Village d'Italie, dans la Terre d'Otrante. *Neretum*, ou *Neritum Calabrum.*

Narenta, Ville de la Turquie Européane, dans la Dalmatie, sur la Riviére de son nom. *Narona.*

Narni, Ville d'Italie, dans l'Ombrie, sur le Néra. *Narnia*, ou *Nequinum Umbrorum.*

Nas, Village du Barrois, en Lorraine, sur l'Ornès, à une lieue de Ligni. *Nasium Barrense.*

La Navarre Espagnole. *Vascones mediterranei.*

Navarin, Ville de la Turquie Européane, dans la Morée. *Pylus Messeniaca.*

Naumbourg. *Voiez*, Nahebruc.

Naun, Ville d'Asie, en la grande Tartarie, dans le Païis des Targagrinskis. *Xixiganum.*

Nauni, Ville de Sicile. *Nonymna.*

Naxie, Isle d'Europe, dans l'Archipel, du nombre des Ciclades. *Naxus*, *Dionysias*, *Dia*, *Strongylos.*

Le Nécre, Riviére d'Allemagne, qui passe à Sulz, & qui coule dans le Rhein, entre le Duché de Vittemberg, & la Franconie. *Nicer.*

Negrepont, Ville de la Turquie Européane, Capitale de l'Isle de même nom. *Chalcis.*

Negrepont, Isle de la Turquie Européane, dans l'Archipel de la méditerranée, le long des côtes de la Livadie. *Abantis*, autrement *Egripos*, ou *Eubœa.*

Le Négro, petite Riviére d'Italie, que reçoit le Sélo. *Tanager.*

Le Némosès, ou territoire de Nîmes. *Arecomici Nemausensos.*

Nemours, Ville du Gâtinois, sur le Loin. *Nemoracum Vastinense.*

Le Néra, petite Riviére d'Italie, dans l'Ombrie. *Nar.*

Néris, Village de France, dans le Bourbonois, proche de Montluçon. *Aquæ Neri*, ou *Narcenses.*

Nésibin, Ville de la Turquie Asiatique, dans le Diarbec, à l'Orient du Tigre. *Nisibis*, ou *Antiochia Mygdonia.*

Nésida, petite Isle de la Campanie, entre Naples & Pousole, vis-à-vis du Cap de Pausilipe. *Nesis.*

La Nesque, petite Riviére de France, en Provence, qui tombe dans la Sorgue. *Nasca*, ou *Nesca.*

Nettuno, Ville maritime d'Italie, dans la Campagne de Rome. *Ceno Volscorum.*

Neucastle, Ville d'Angleterre,

dans le Northumberland. *Novum Castrum.*

Neuchâteau, Ville de Lorraine, dans le Soulossois, sur la Meuse. *Novimagus.*

La Néva. *Voiez*, le Louvat.

Nevers, Ville de France, Capitale du Nivernois. *Noviodunum Æduorum*, ou *Nivernum.*

Nèves, Village de Lorraine, dans le Paiis de Blois. *Navia Blesensis.*

Neuflotte, Village ou Terre de Lorraine, dans le Chaumontois. *Nodulfum.*

Neugard ou Novogorod la grande, Ville de la grande Russie, Capitale de la Province de son nom. *Neapolis magna.*

Neugard ou Novogorod, Ville de la grande Russie, Capitale du Duché de son nom. *Neapolis Sarmatarum.*

Neugard ou Novogorod, Ville de la grande Russie, Capitale de Séverie. *Neapolis Scytharum.*

Neugard ou Novogorod, Ville de Pologne, en Lithuanie. *Neapolis Venedorum.*

Neuillan, Village ou Terre de Normandie. *Nucalianum.*

Neuilli, Village de l'Isle de France, à deux lieues de Paris, sur la Seine. *Neivillium*, ou *Nucaliacum Parisiorum.*

Le Neusidler-Sée, Lac d'Allemagne, dans l'Autriche. *Peiso*, ou *Pelso.*

Neustat, Ville d'Allemagne, dans l'Autriche. *Celeusum.*

Neuvi sur Baranion, Bourg de France, dans le Berri. *Novus Vicus Cuborum.*

Neuvi sur Loire, Bourg de France, dans la Puisaie. *Novus Vicus Carnutum Podiensium.*

Neuvi le Pailloux, dans le Berri. *Novus Vicus Paludosus.*

Neuvic, en Lorraine. *Novus Vicus Leucorum.*

Nicaria, Isle de l'Archipel de la méditerranée, de vingt lieues de tour, à six lieues de Samos. *Icaria*, ou *Ichthyoessa.*

Nice, Ville d'Italie, en Piémont, Capitale du Comté de son nom. *Nicæa Massiliensium.*

Nicsara, ancienne Ville de la Natolie, à deux journées de Tocat. *Neocæsarea.*

Le grand Nid ou le Nid Allemand, petite Riviére qui vient de Lorraine, coule dans le Paiis Messin, passe à Bosonville, & tombe dans la Sâre. *Nita major*, ou *inferior*, ou *Germanicus.*

Le petit Nid ou le Nid François, petite Riviére de Lorraine, qui sépare le Paiis Messin du Nitois, passe aux Etangs & à Nidbourg, & se jette dans le grand Nid. *Nita minor*, ou *superior*, ou *Gallicus.*

La Nie. *Voiez*, le Louvat.

La Niepre, Fleuve de Pologne, qui se dégorge dans la Mer-Noire. *Borysthenes.*

Le Niester, Riviére considérable, qui commence en Pologne dans la petite Russie, & finit dans la Turquie Européane,

Européane, où il s'embouche dans la Mer Noire. *Tyra.*

La Nièvre, petite Riviére de France, qui entre dans la Loire, à Nevers. *Niveris.*

Nigéboli, Ville de la Turquie Européane, dans la Bulgarie, vers le Danube. *Nicopolis Avarum.*

Le Niger ou le Sénéga, Fleuve d'Afrique, dans la Nigritie, qui tombe dans l'Océan. *Daradus*, ou *Nigir.*

Le Nigola, petite Riviére d'Italie, dans l'Ombrie. *Misus.*

Le Nil, Fleuve d'Afrique, dans l'Abissinie, le Sennar & l'Egypte; son embouchure est dans la Méditerranée. *Nilus*, ou *Guptos.*

Le Territoire de Nimégue, dans la basse Allemagne septentrionale, entre le Rhein & la Meuse. *Regnum Neomagense.*

Nimégue, Ville d'Allemagne, dans les Païis-Bas. *Noviomagus Batavorum.*

Nîmes, Ville de France, dans le Languedoc. *Nemausus Arecomicorum.*

La Nimpa, petite Riviére d'Italie, dans la Campagne de Rome. *Nymphæus.*

Le Nims, petite Riviére de la haute Allemagne, qui se décharge dans le Sour & celui-ci dans la Moselle. *Nemesa.*

Nio, petite Isle, une des Sporades, en Europe, dans l'Archipel de la Méditerranée. *Ios*, ou *Phœnice.*

Nion, Ville d'Allemagne, dans la Suisse. *Colonia equestris Urbigenorum.*

Nions, Ville ou Village de France, dans le Dauphiné. *Neomagus.*

Nisita. *Voiez*, Nesida.

Ni..ot, Ville de Suede, dans les Etats de Finlande, Capitale de la Savolaxie, sur le Lac Lapuési. *Castrum novum Finnorum.*

Nissa, Ville de la Turquie Européane. *Naïssus.*

Le Nitois, canton de Lorraine, dans le Païis Messin. *Mediomatrici Nitenses.*

Nivelle, Ville du Brabant. *Nivigella.*

Le Nivernois, Province de France. *Ædui Nivernenses.* pour ce qui est du Diocése de Nevers; *Senones Nivernenses*, pour ce qui est dans le Diocése d'Auxerre.

Noaille, Village & Seigneurie de France. *Nucalia.*

Noara, Ville de Sicile. *Noa.*

Nocéra, Ville d'Italie, dans l'Ombrie, sur le Tupino. *Nuceria Camellana.*

Nocéra, Ville d'Italie, dans la Calabre, sur le Golfe de Sainte Euphémie. *Terina.*

Nocéra, Ville d'Italie, dans la Campagne de Rome. *Nuceria Alphaterna.*

Nogent sur Andelle. *Voiez*, Noion.

Nogent le Rotrou, Bourg de France, dans le Perche. *Novigentum Rotrodi.*

La Noguéra Palléresa, petite Riviére d'Espagne, dans la Catalogne, qui tombe dans la Ségre. *Nucaria Palliarensis.*

La Noguéra Ribagorzana, petite Riviére d'Espagne, dans la Catalogne, qui se jette dans la Ségre. *Nucaria Ripacurtia.*

Noielle, Village & Terre de la basse Allemagne. *Nucella.*

Noion, Ville de l'Isle de France. *Noviomagus Veromanduorum.*

Noion sur Andelie. *Noviomagus Velocassium.*

Le Noireau, petite Riviére de Normandie, qui sépare le Bessin, du Houlme, & tombe dans l'Orne. *Hydromelas,* ou *Nigra aqua.*

Noirmoutier, Isle sur les côtes de Poitou. *Herus*, ou *Herius.*

Noisi, Noci, Nocei, Villages de Normandie. *Nucetum.*

Noméni, Bourg ou petite Ville de Lorraine, dans le Saunois, sur la Seille. *Nu meniacum.*

Non ou Nun, Village d'Italie, dans l'Etat de Venise. *Anonium.*

Nona, Ville maritime de la Turquie Européane, dans la Dalmatie, sur le Golfe de Venise. *Ænona.*

Norcia, Ville d'Italie, dans la Sabine, au pied de l'Apennin. *Nursia Sabinorum.*

Le Nord Cap, en Norvége, sur la côte septentrionale de la Laponie. *Rubeas.*

Le Nordgau, canton du haut Palatinat, dans le Territoire d'Amberg. *Armalausii.*

Norma, Ville d'Italie, dans la Campagne de Rome. *Norba Volscorum.*

La Normandie, Province maritime de la France occidentale, qui s'étend depuis le Coénon, jusqu'à la Brêle, entre la Bretagne & la Picardie. *Lugdunensis secunda, Neustria*, ou *Normania nova*, ou *Normania Gallica.*

Noroi, Village de Lorraine, dans le Messin. *Nucaretum Mediomatricùm.*

Noroi, Village de Lorraine, dans le Scarponois. *Nucaretum Scarponense.*

Norré, Village de France, en Normandie. *Nucaretum.*

La Norrie, Village de Normandie. *Nucaria.*

Norron, Village de Normandie. *Nucaro.*

Northampton, Ville d'Angleterre, dans la Mercie, Capitale du Comté de son nom. *Northamptonia.*

Le Nort-Oualles, Paiis d'Angleterre, qui fait la partie septentrionale de la Principauté de Galles. *Venedotia.*

Nortwic, Ville d'Angleterre, dans l'East-Anglie. *Venta nova Icenorum.*

La Norvége, grande partie d'Europe. *Scandinavia occidua.*

La Norvége propre ou méridionale. *Suiones. Normania vetus*, ou *Sueonica.*

Noto, Ville de Sicile, qui donne son nom au Val de Noto. *Netum.*

Noviant, Village de Lorraine, au Paiis de Carme. *Novientum.*

Novogorod. *Voiez*, Neugard.

Nuis, Ville de l'Allemagne,

le long du Rhein, dans l'Electorat de Cologne, sur l'Erfit. *Novesium Ubiorum.*

Numagen, Village de la haute Allemagne, proche la Moselle. *Neomagus Treverorum.*

Nun. *Voiez*, Non.

Nuremberg, Ville d'Allemagne, dans la Franconie, sur le Pégnits. *Mons Noricorum.*

# O.

O Terre & Marquisat de Normandie. *Prativilla.*

Ober-Ouels, Ville d'Allemagne, sur le Danube, dans l'Autriche. *Lacus Felix Noricorum.*

Ober-Ouesel, Ville ou Village de la haute Allemagne. *Vesalia*, *Vasalia*, ou *Vosavia Treverorum.*

L'Obi, Fleuve de la grande Tartarie, qui tombe dans l'Océan septentrional. *Carambucis*, ou *Carambyces.*

Obierre. *Voiez*, Aubiere.

Odensée, Capitale de l'Isle Fionie, dans la mer Baltique, proche le Jutland. *Ottonia.*

L'Oder, Fleuve d'Allemagne, qui se décharge dans la mer Baltique, en Poméranie. *Guttalus.*

Odérso, petite Ville d'Italie, dans l'Etat de Venise, entre la Piave & la Livenza. *Opitergium Venetorum.*

L'Odier, petite Riviére d'Espagne, entre la Guadiana & le Guadalquivir. *Luxia.*

L'Odon, petite Riviére de France, en Normandie, qui tombe dans l'Orne à Caen. *Udo.*

Oédembourg ou Scapring, Ville de la Turquie Européane, dans la Hongrie. *Sopronium*, ou *Scarabantia Boiorum Marcomanorum.*

Oésel, Isle de la Mer Baltique, à l'entrée du Golfe de Livonie, ou de Riga. *Latris.*

L'Œuf, petite Riviére de France, dans la Beausse, où elle passe à Piviers. *Pitueris.*

Oféna, Ville d'Italie, dans l'Abrusse. *Aufinaou Aufinum.*

Oiarso, Village & Cap d'Espagne, dans la Biscaie. *Ocaso*, ou *Olarso.*

L'Oignar, petite Riviére d'Espagne, dans la Catalogne. *Unda.*

L'Oise, Riviére de France, qui vient des confins du Hainaut, dans les bois de la Thierache, passe à Compiégne & à Pontoise, & s'embouche dans la Seine à Conflans Sainte Honorine. *Isara*, ou *Inisa.*

Old Carlile, Ville ou Village d'Angleterre, dans le Northumberland. *Voreda Brigantum.*

Oléron, Isle de France, dans l'Océan, proche les côtes de Saintonge. *Uliarus*, ou *Olario.*

Oleron, Ville de France, dans la Gascogne. *Iluro.*

Olivéra, Ville ou Village d'Espagne, en Andalousie, dans le Territoire d'Ossone, proche Estépa. *Attubi*, ou *Colonia Claritas Julia.*

Olmuts, Ville d'Allemagne,

Capitale de la Moravie, sur la Morave. *Eburus Quadorum.*

Olone ou les Sables d'Olone, Ville sur Mer, en Poitou. *Olona.*

Olotief. *Voiez*, Alatof.

L'Olt. *Voiez*, l'Alt.

L'Ombrie, Province d'Italie. *Umbri.*

L'Ombroné, petite Riviére d'Italie, dans la Toscane. *Umbro.*

Oppenheim, Ville de la haute Allemagne, dans le Palatinat, entre Maience & Vormes. *Bonconica.*

Oran, Ville maritime d'Afrique, en Barbarie, dans le Roiiaume d'Alger. *Cuisa.*

Orange, Ville de France, en Provence, Capitale d'une Principauté de même nom. *Arausio Cavarum.*

L'Orba, petite Riviére d'Italie, dans le Mont-Ferrat, qui joint le Tanaro à Asti. *Urbis*, ou *Urbs.*

Orbe, Ville du Paiis de Vaud, en Suisse. *Urba.*

L'Orbe, petite Riviére d'Allemagne, en Suisse. *Urba.*

L'Orbe, petite Riviére de France, dans le Languedoc. *Orbis*, autrement *Obris*, ou *Orobris.*

Orbitello, Ville d'Italie, dans la Toscane. *Limnothalatta.*

Les Orcades ou les Orcnes, petites Isles Britanniques, proche l'Ecosse. *Orcades.*

Orense, Ville d'Espagne, dans la Galice, sur le Minho. *Auria*, autrement *Amphilochia*, ou *Aqua calida Cilinorum.*

L'Orge, petite Riviére de France, dans la Beausse & le Hurepoix, qui passe à Dourdan & à Châtres & tombe dans la Seine, à Mons. *Urbia.*

Oria, Ville d'Italie, dans la Terre d'Otrante, entre les Villes d'Otrante & de Brindes. *Uria Calabrorum.*

Orihuéla, Ville d'Espagne, dans le Roiiaume de Valence. *Ocilis*, ou *Orcelis Bastitanorum.*

Oriolo, petite Ville ou Village de Toscane, en Italie. *Forum Claudii.*

Oristan, Ville de Sardaigne, Isle de la Méditerranée, Voisine d'Italie, sur la côte occidentale. *Arborea.*

Orixan, Roiiaume de l'Inde occidentale. *Mesolia.*

L'Orléanois, Province de France. *Carnutes.*

L'Orléanois propre. *Carnutes Genabenses*, ou *Aureliani.*

Orléans, Ville de France, Capitale de l'Orléanois, sur la Loire. *Genabum*, ou *Aurelianum Carnutum.*

Ormus, Ville maritime de Perse, dans le Kerman. *Armosus*, autrement *Armusia*, ou *Harmosa.*

L'Ornais, Paiis de Lorraine, entre le Paiis des Vaux, le Soulossois, le Bassigni, le Barois & le Paiis de Blois. *Leuci Odornenses.*

L'Orne, petite Riviére de France, dans la basse Normandie, qui s'embouche dans l'Océan, au dessous de Caen, au Village d'Etrehan. *Olena*, ou *Olina.*

L'Orne, petite Riviére de Lorraine, dans le Verdunois, qui tombe dans la Moselle. *Odorna Virodunensis.*

L'Ornès, petite Riviére qui coule en Lorraine, dans l'Ornais, & dans le Barois, &c. passe à Nas, &c. *Odorna.*

L'Oron. *Voiez*, l'Auron.

Orso, Ville d'Italie, dans la Calabre. *Ursa*, ou *Ursentum Bruttiorum.*

Ortacui, Village de Romanie, sur le Canal de la Mer Noire, entre le Cap de Courouchismé & la pointe de Béfichtachi. *Clidium.*

Orti, petite Ville d'Italie, dans la Toscane. *Hortanum Etruscum.*

L'Orviétan, petit Paiis d'Italie, dans la Toscane. *Herbanus ager.*

Orviète, Ville d'Italie, dans la Toscane, Capitale de l'Orviétan. *Herbanum Etruscum.*

Osma, Ville d'Espagne, dans la Castille. *Uxama Arevacorum.*

L'Osse, petite Riviére de Gascogne, dans l'Armagnac, qui tombe dans la Gelise. *Ossida.*

Ossone, Ville d'Espagne, dans l'Andalousie. *Urso*, ou *Colonia gemina Urbanorum.*

Osterhoven, Ville d'Allemagne, dans la Baviére, ou dans la Souabe, proche le Danube, entre l'Iser & l'Inn. *Petrensia ( Castra ) Vindelicorum.*

L'Ostrevand, Paiis du Hainaut, depuis Valenciennes, jusqu'à la Scarpe. *Osterbantum.*

Osula ou Domo d'Oscéla, Ville ou Village d'Italie, dans les Vallées de Sésia, vers les confins du Valais. *Oscela.*

L'Otone, ou l'Otenette, petite Riviére de l'Isle de France, qui passe à Bétisi, dans le Valois. *Ottenetta.*

Otrante, Ville d'Italie, Capitale de la Terre de son nom. *Hydruntum.*

Otrar, Ville de la grande Tartarie, dans les Jousbecs. *Farabia.*

Otricoli, Ville ou Village d'Italie, en Ombrie, proche le Tibre, après qu'il a reçu le Néra. *Ocriculum.*

Ottingen, Ville d'Allemagne, en Baviére, sur l'Inn. *Æni pons inferior.*

Ouche ou Saint Evrou, Village de Normandie, dans l'Evrevin. *Uticum.*

L'Ouche, Paiis de la Normandie orientale, qui fait la partie méridionale du Lieuvin. *Lexovii Uticenses.*

L'Oûche, petite Riviére de France, dans le Duché de Bourgogne. *Oscara.*

Ougeli, Ville d'Asie, dans l'Inde orientale, Capitale, du Roiiaume de Bengale. *Gange.*

Oviédo, Ville d'Espagne, Capitale des Asturies. *Lucus Asturum.*

L'Isle d'Ouessant, sur les côtes occidentales de la Bretagne. *Uxantis.*

Ouilla, petite Ville de Portugal, sur une Riviére de même nom. *Ulla.*

L'Ouilla, petite Riviére de Portugal, proche Compostelle. *Ulla.*

Ouiches, Village de Lorraine, dans la Voide. *Orcadæ.*

Oumansan, Village de Lorraine, dans l'Ornais. *Ulmensio.*

L'Cuson ou le Késel-Ousan, Riviére de Perse, qui tombe dans la Mer Caspienne, entre le Guilan & le Mazanderan. *Amardus.*

L'Oust, Riviére de Bretagne, qui tombe dans la Vilaine, entre Redon & Rieux. *Dutulus. Ulda.*

Ouvard ou Altembourg, Ville d'Allemagne, sur le Danube. *Ad flexum.*

Oux, Bourg du Dauphiné, près des Alpes, entre Suse & Briançon. *Ad Martis.*

Ouzcunt, Ville d'Asie, dans la grande Tartarie, au Paiis des Jousbecs. *Andecanum.*

# P.

PADERNO, Ville de Sicile. *Hybla major.*

Padoue, Ville d'Italie, dans l'Etat de Venise. *Patavium.*

La Faglia, petite Riviére d'Italie, dans la Toscane, qui tombe dans la Chiana. *Pallia.*

Paierne, Ville de Suisse, au paiis de Vaud. *Paterniacus.*

Le Paiis des Amazones, dans l'Amérique méridionale. *Maranonia.*

Les Paiis-Bas, Province occidentale d'Allemagne. *Belga.*

Le Paiis de Béden, ou la Voide, en Lorraine, entre le paiis de Carme, le Toulois, le paiis des Vaux, le paiis de Blois, le Barrois & la Voivre. *Leuci Bedenses.*

Le Paiis de Blois, en Lorraine, entre le paiis des Vaux, l'Ormois, le Barrois & le paiis de Béden. *Leuci Blesenses.*

Le Paiis de Brai, en Normandie, dans le Vexin Normand. *Braia*, ou *Borboria.*

Le Paiis de Galles, Province d'Angleterre. *Cambria.*

Le Paiis d'Havend, dans le Chaumontois, en Lorraine. *Leuci Halendenses.*

Le Paiis Messin, en France, dans la Lorraine. *Mediomatrici*, ou *Mediomatrices.*

Le Paiis de Mircourt, en Lorraine, entre le Chaumontois, le Portois Bourguignon, le Soulossois, & le Saintois. *Leuci Mercurienses.*

Le Paiis d'Ornais, en Lorraine, entre le Saintois, le Soulossois, le Bassigni, le Blésois, le Barrois, le paiis de Blois & le paiis des Vaux. *Leuci Odornenses.*

Le Paiis d'Orne, en Lorraine, le long de la Riviére d'Orne, dans le Verdunois. *Virduni Odornenses.*

Le Paiis d'Ouche, canton du Lieuvin, dans la Normandie orientale. *Lexovii Uticenses.*

Le Paiis des Vaux, en Lorraine, entre le Toulois, le Soulossois, l'Ornais & le paiis de Blois. *Leuci Vallenses.*

Painburg, Village d'Allemagne, en Baviére, sur

l'Achsa, au dessus du lac Chiemsée, aux confins du Diocèse de Saltsbourg. *Augusta Badacum.*

Palaiseau, Village de l'Isle de France, à quatre ou cinq lieues de Paris. *Palatiolum.*

Le Palatinat du Rhein, paiis de la haute Allemagne. *Myrtili.*

Palatisia, petite Ville de la Turquie Européane, dans la Macédoine. *Pella Macedonum.*

Palatschia, Ville de la Turquie Asiatique, dans la Natolie, proche le Golfe de Samos. *Miletus.*

Palentia, Ville d'Espagne, dans le Roiiaume de Léon. *Palantia*, ou *Pallantia Vaccaorum.*

Paléocastro, Ville de l'Isle de Candie. *Aptera*, ou *Apteron.*

Palerme, Ville de Sicile, dans le Val de Masara, sur la côte septentrionale. *Panormum*, ou *Panormus.*

Palméruola, petite Isle d'Italie sur les côtes de la Campagne de Rome. *Palmaria.*

Palmose, Isle de la Mer Egée. *Patmos.*

Palos, petite Ville d'Espagne, dans le Portugal. *Balsa.*

Pamiers, Ville de France, en Languedoc, dans le Comté de Foix sur l'Ariège. *Apamia*, *Apamia*, ou *Fredelatium Consorranorum.*

Pampelune, Capitale de la Navarre Espagnole, sur l'Arga. *Pompeiopolis*, ou *Pompelon.*

Le Panaro, petite Riviére d'Italie, dans le Modénois. *Scultenna.*

Pantalaria, Isle de la Méditerrannée, entre la Sicile & l'Afrique, vis-à-vis les côtes du Roiiaume de Tunis. *Cossyra.*

Pan[illegible]iro, Ville de la Turquie Européane, dans la Romanie. *Perinthus*, ou *Heraclea Thraciæ.*

Paréchia ou Parichia, Ville principale de l'Isle de Paros, ou Paris, dans l'Archipel de la Méditerranée. *Paros.*

Parenzo, Ville d'Allemagne, aux Etats d'Autriche, dans une petite presqu'Isle de l'Istrie. *Parentium Histrorum.*

Parfouru, Village de Normandie, dans le Bessin, sur l'Odon. *Bathyryax*, ou *Profundus rivus.*

Pargnei, Village de Lorraine, dans le Toulois. *Paciacus Tullensis.*

Pargnei, Village de Lorraine, dans la Voide, sur la Meuse. *Paciacus Bedensis.*

Paris, Capitale du Parisis, de l'Isle de France & de tout le Roiiaume. *Lutetia Parisiorum.*

Paris, Ville de la Turquie Asiatique, dans la Natolie, sur le détroit de Constantinople. *Parium.*

Le Parisis, partie de l'Isle de France. *Parisii Celtici.*

Paros ou Paris, Isle d'Europe, dans l'Archipel de la Méditerranée. *Paros*, ou *Minos.*

Le Parret, petite Riviére d'Angleterre, dans l'Ouessex. *Pedredus.*

Le Parténi, ou le Dolap, petite Riviére de la Natolie,

qui traverse la Campagne d'Amastro, & tombe dans la Mer Noire. *Parthenius.*

Pasir, Ville de Perse, dans le Sigestan. *Parsis.*

Pasia, Ville & Peuples d'une partie de la Perse. *Pasargadæ.*

Passau, Ville d'Allemagne, dans la Baviére, sur le Danube. *Batava Castra*, ou *Castellum Vindelicorum.*

Passavant, Village du Portois Bourguignon. *Bataventum.*

Paterington, Ville d'Angleterre, dans le Northumberland, ou dans le païis de Galles. *Prætorium Brigantum.*

Paterno, Village d'Italie, dans la Campagne de Rome. *Lavinium.*

Patino, Isle de la Méditerranée, dans l'Archipel, de douze lieues de circuit, à six lieues de Léro, à treize & demie de Samos, à quinze de Nicaria, & à vingt de Cos, de Stampalie, & de Micouli. *Patmos.*

Patras, Ville de la Turquie Européane, en Morée, dans le Duché de Clarence. *Patræ*, autrement *Aroe Patrensium*, ou *Neopatria.*

Pau, Ville de France, dans la Gascogne, sur le Gave de son nom. *Palum.*

Pavie, Ville d'Italie, dans le Milanès, sur le Tessin. *Ticinum, ou Papia Levorum.*

La Peule ou la Puelle, Territoire de Saint Amand, d'Orchies, & de la Châtellenie de Lille, dans la Flandre. *Pabula*, ou *Ager Pabulensis.*

Pauton, petite Ville ou Village d'Angleterre, dans la Mercie. *Pons Coritanorum.*

Pébrac, Village sur les confins de l'Auvergne & du Gévaudan, à six ou sept lieues de Saint Germain de la Prade. *Bibracte in Æduis.*

Le Pec. *Voiez*, Pui.

Le Peç, Village de l'Isle de France, sur la Seine, au pié de Saint Germain en Laie. *Podium Parisiorum.*

Le Pech d'Ussolun. Voiez, *Uxellodunum.*

Péchlar, Ville d'Autriche, sur l'Erlaph. *Arlape*, ou *Ara Lapidea.*

Pégnaflor, Ville d'Espagne, dans l'Andalousie, sur le Guadalquivir, entre Cordoue & Séville. *Ilipa Ilia.*

Le Pégu, Roiiaume d'Asie, dans l'Inde Orientale, au Roiiaume d'Ava. *Balonganum. Andara.*

Pégu, Ville d'Asie, dans l'Inde Orientale, Capitale du Roiiaume de son nom, au Roiiaume d'Ava. *Triglypton Andararum.*

Peire-Hourade, petite Ville de Gascogne, dans la Chalosse, proche le Gave. *Petra Forata.*

Pencridge, Ville ou Village d'Angleterre, dans la Mercie. *Pennocrucium Cornaviorum.*

Pendérachi ou Erégri, Ville de la Natolie propre, sur les côtes de la Mer Noire, à l'Est de la Riviere d'Anaplia. *Heraclea Pontica.*

Penti a, restes d'une Ville d'Italie, dans l'Abruffe, proche Sulmone. *Corfinium.*

Le Perche, Province de France. *Cenomani Pertici*, ou *Pertica.*

Pérécops, Ville de la Turquie Européane, dans la petite Tartarie, aux Tartares Nogais. *Precopia*, ou *Taphra.*

Le Périgord, Province de France, dans la Guienne. *Petrocorii*, ou *Petricorii.*

Périgueux, Ville de France, dans la Guienne, Capitale du Périgord. *Vefuna Petrocoriorum.*

Perni ou Prini, Village de Lorraine, dans le Scarponois, peu loin de la Mofelle, entre Mets & Pont-à-Mouffon. *Perniacus.*

Péroufe, Ville d'Italie, en Tofcane, Capitale du Péruſin. *Perufia*, ou *Perufium.*

Perpignan, Ville de France, Capitale du Rouffillon. *Perpinianum*, ou *Rufcino nova.*

La Perfe, Roiiaume & une des grandes parties de l'Afie. *Perfis.*

Le Perthois, canton de Champagne. *Pagus Pertifus.*

Pertuis, Ville, au milieu de la Provence, à la rive droite de la Durance. *Pertufium.*

Pervis, Ville ou Village d'Allemagne, dans les Paiis-Bas. *Perviciacum Eburonum.*

Péfaro, Ville maritime d'Italie, dans le Duché d'Urbin. *Pifaurum.*

Pefcara, Forterefſe maritime d'Italie, dans l'Abruffe. *Aternum.*

La Pefcara, petite Riviere d'Ilie, dans l'Abruffe. *Aternus.*

Péfenas, jolie petite Ville du Languedoc. *Pifcena.*

Pefquiéra, petite Ville d'Italie, dans le Milanès. *Artelica.*

Peft, Ville de la Turquie Européane, dans la Hongrie. *Tranfacincum.*

Pefti, Ville ou Village maritime d'Italie, dans le Principat, proche Salerne. *Pofidonia*, ou *Peftum.*

Petersbourg, Ville de la grande Ruffie, au fond du Golfe de Finlande, fur les côtes de l'Ingrie. *Petropolis.*

Petraglie, Ville de Sicile. *Petra Sicula*, ou *Petrina.*

Pettau, petite Ville d'Allemagne, dans l'Autriche, fur le Drave. *Petovio.*

Le Peuch d'Uffelou ou d'Uffeldon, montagne de France, dans le Querci, près de Martel, vers le Limofin. *Podium Uxellodunenfe.*

Pfin, Village d'Allemagne, en Suiffe, dans le Turgau. *Fines Helvetiorum.*

Les Philippines, Ifles d'Afie. *Maniolæ Infulæ.*

Les Philippines, Ifles de l'Océan, à l'Eft de l'Afie. *Sabadibæ.*

Philipftad, Ville de Suéde, dans le Vermeland. *Philippopolis.*

Pianofa, petite Ifle d'Italie, le long des côtes de la Tofcane, proche l'Ifle d'Elba. *Planaria*, ou *Planafia.*

La Piafide, paiis feptentrional d'Afie, dans la grande Tartarie. *Patati.*

La Piave, petite Riviére d'Italie, dans l'Etat de Venise. *Plavis.*

Pierfort, Village de Lorraine, dans le Scarponois. *Petra Fortis.*

Pierre-Percée. *Voiez*, Langstein.

Piétola, Village d'Italie, dans le Mantouan. *Andes.*

Piétra Santa, Ville d'Italie, dans la Toscane. *Fanum Feroniæ Etruscum.*

Le Pinserais, canton de l'Isle de France. *Pagus Pinciacensis.*

Le Pinserais Chartrain ou Occidental, canton de l'Isle de France, dans le Diocèse de Chartres, depuis Saint-Germain-en-Laie exclusivement jusqu'à l'embouchure de la Maudre. *Carnutes Pinciacenses.*

Le Pinserais Parisien ou Oriental, canton de l'Isle de France, dans le Diocèse de Paris, depuis Saint-Germain inclusivement, en remontant la Seine jusqu'à Saint Cloud exclusivement. *Parisii Pinciacenses.*

Piombino, Ville d'Italie, dans la Toscane. *Populonium Etruscum.*

Pipéri, Isle de la Turquie Européane, dans la Mer Egée, vers les côtes de Macédoine, proche le Mont Athos. *Peparethos*, ou *Evanos.*

Piperno Vecchio, Ville ou Village d'Italie, dans la Campagne de Rome. *Privernum vetus Volscorum.*

Pisatello, Ville de l'Italie, du milieu. *Rubico.*

Pise, Ville d'Italie, dans la Toscane, vers l'embouchure de l'Arno. *Colonia Julia Pisana.*

La Pisuerga, petite Riviére d'Espagne, qui tombe dans le Douro. *Pisoraca.*

Pistoie, Ville d'Italie, dans la Toscane. *Pistorium Etruscum.*

Pixendorf, Ville ou Village d'Allemagne, en Autriche, sur le Danube. *Pirum tortum Noricorum.*

La Plaine, ruisseau de Lorraine, qui coule dans le Salmois & dans le Chaumontois, & joint la Meurte. *Plana.*

La Plaine de Tocat, proche la Ville de ce nom, dans la Natolie. *Campi Anserini.*

Planctal, Village d'Allemagne, dans la Souabe méridionale, peu loin du Féderzée, entre le Village de Brunen-Shweiler & la Ville de Buchau. *Planctus Alemanorum.*

La Plata ou Potosi, Ville de l'Amérique méridionale, au Pérou, dans la Province de Charcas. *Argyropolis.*

Le Plessis, nom de plusieurs Villages & Seigneuries de France. *Plexiacum.*

Plomb, Village de l'Avranchin. *Prunetum Abrincatuorum.*

Plombieres, Village du Paiis de Havend, en Lorraine, dans le Chaumontois. *Aquæ Plumbariæ.*

Plumetot, Village de Normandie. *Pruneti tosta.*

Pluviers ou Piviers, Ville

de l'Orléanois. *Aviarium.*

Le Pô, Fleuve d'Italie, qui s'embouche dans le Golfe de Venise. *Eridanus*, ou *Padus.*

La Podolie & la Russie occidentale, Provinces de Pologne. *Amadoci.*

La Pointe du Fanar, Cap de l'Isle Nicaria. *Promontorium Dracanium.*

Poitiers, Ville de France, Capitale du Poitou. *Augustoritum Pictonum.*

Le Poitou, Province de France. *Pictones*, ou *Pictavi.*

Poissi, Ville de l'Isle de France, sur la Seine, entre Saint-Germain-en-Laie & Triel. *Pinciacum.*

Poissi, Village de Normandie. *Buxiacum.*

Pola, Ville de l'Isle de Corse dans la Méditerranée, proche l'Italie. *Pauca*, ou plutôt *Paula.*

Polegaza, Isle de la Mer Egée, une des Ciclades. *Polyægos.*

Polenza, Ville d'Italie, dans le Milanès, ou dans le Mont-Ferrat. *Pollentia Ligurum.*

Policandro, Isle de l'Archipel de la Méditerranée, aux environs de Sikino & de Nio. *Pholegandros.*

Policastro, Ville d'Italie, dans la Calabre. *Melibœa*, *Petilia*, *Buxentum.*

Poligni, Village de la Bourgogne orientale, dans le Païs de Varasch, au Bailliage d'Aval. *Polemniacum*, ou *Poliniacum Varascorum.*

Polis, restes d'une ancienne Ville, dans l'Isle de Zia. *Iulis.*

Pompei, Village de Lorraine, dans le Scarponois, sur la Moselle, entre Liverdun & Condé. *Pompeiopolis Scarponensium.*

Pompierre, Village de Lorraine, dans le Soulossois, sur le Mouson. *Pons petræus Solecensium.*

Ponches, Village de Picardie. *Pontes Ambianorum.*

Pons, Ville de Saintonge, sur la Seugne. *Pontes Santonum.*

Le Pont de l'Arche, Ville de Normandie, dans l'Evrevin, sur la Seine. *Arcæ Eburovicum*, *Pons Arcûs*, *Pons Arcuatus*, ou *Pons de Arcis.*

Le Pont-Audemer, Ville de Normandie, dans le Lieuvin, sur la Rille. *Pons Audomari*, ou *Breviodurus Lexoviorum.*

Le Pont d'Auge. *Pons Lexoviorum Pratensium.*

Pontico, Ville ou Riviére, ou même l'une & l'autre, dans la Turquie Européane, en petite Tartarie. *Panticapus.*

Le Ponthieu, Païs de France, dans la Picardie. *Ambiani Pontivi.*

Pontion sur le Sault, Village de Champagne, dans le Pertois. *Pontigo.*

Pontlevoi, Abbaïie proche de Blois. *Ponslevius.*

Pont-à-Mousson, Ville de France, en Lorraine, dans le Scarponois. *Montionipons.*

Pontoise, petite Ville du Vexin. *Isarobriva*, ou *Brivisara.*

Pontorson, Ville de Normandie, dans l'Avranchin, sur

le Coesnon. *Fines Abrincatum.*

Les Ponts de Sé, sur la Loire, proche du confluent de la Maîne en Anjou. *Pontes Seii*, ou *Saii.*

Ponza, la principale des Isles de même nom, le long des côtes d'Italie, proche la Campagne de Rome. *Pontia.*

Poperingue, petite Ville ou Village de Flandre, dans le quartier de Bruges, peu loin d'Ipres. *Pupurnengahamum.*

Le Porcien, petit canton de Champagne, entre le Laonois & le Réthelois. *Remi Porticenses, Porcenses*, ou *Porciani.*

Porcugna, petite Ville d'Espagne, dans l'Andalousie, entre Cordoue & Jaen. *Obulco Pontificense.*

Porentru, Capitale de l'Evêché de Bâle, sur la Riviére de Hallen. *Pons Reintrudis*, ou *Regintrudis.*

Porqueiroles, une des principales Isles d'Hieres, en France, dans la Méditerranée, le long des côtes de Provence. *Prote.*

Porrais. *Voiez*, Port-Roial.

Porsas ou Poussai, Abbaiie de Lorraine, dans le Paiis de Mircourt, sur le Madon. *Portus suavis.*

Porsmout, Ville d'Angleterre, dans l'Ouessex. *Magnus portus Belgarum transductorum.*

Portalegre, Ville d'Espagne, en Portugal, dans l'Alentéjo. *Amaa.*

Le Portatoré, petite Riviére d'Italie, dans la Campagne de Rome. *Ufens.*

Portecros, une des Isles d'Hieres, dans la Méditerranée, sur les côtes de France, en Provence. *Mese*, ou *Mediana.*

Le Port aux femmes ou Sarantacopa, en Romanie, sur le Canal de la Mer Noire, à l'entrée de la Riviére d'Ornousdéré, qui coule entre le vieux Château d'Europe, & Istégna. *Sinus Lasthenis*, *Leosthenis*, ou *Phidalia.*

Le Port Gaurio ou Gabrio, dans l'Isle d'Andro. *Gauroleon.*

Le Port Mahon, Ville de l'Isle de Minorque, une des Baléares, dans la Méditerranée, proche l'Espagne. *Mago*, ou *Magonis portus.*

Portmiou, sur les côtes de Provence, à quelques lieues de Marseille. *Portus Mines*, ou *Hemines.*

Le Portois Bourguignon, vers la source de la Sône. *Sequani Decolatenses*, ou *Portenses.*

Le Portois Lorrain, dans le Chaumontois, le long de la Meurte. *Leuci Portenses.*

Port-Roial, autrefois Porrais ou Porrai, Village de l'Isle de France, dans les Ivelines, proche de Chévreuse. *Porresium.*

Le Port de Roncevaux, passage de France en Espagne par la Navarre, au pied des Pyrenées. *Portus Sisara.*

Le Port de la Traille, en Provence, au confluent de la

Sorgue & du Rhône. *Vindalum.*

Porto ou Puerto, Village d'Espagne, en Portugal, entre Douro & Minho. *Portus Calle*, ou ſimplement *Cale.*

Porto, Ville maritime d'Italie, dans la Campagne de Rome. *Portus Romanus Latii.*

Porto dé Atri, Ville d'Italie dans le Principat, ou dans l'Abruſſe. *Hadria Pratutianorum.*

Porto Céſaréo, petite Ville maritime d'Italie, dans la Terre d'Otrante. *Saſina Calabrorum*, ou *Portus Saſina.*

Porto Fino, petite Ville maritime d'Italie, ſur la côte de l'Etat de Gènes. *Portus Delphini.*

Porto Græco, petite Ville maritime d'Italie, dans le Capitanat. *Agaſus portus.*

Il Porto Liona, Port d'Aſtines, dans la Turquie Européane, en Livadie. *Piræus.*

Porto dé Monté Santo, Ville maritime d'Italie, dans la Marche d'Ancône. *Sacrata Picena.*

Porto Torré, Port de l'Iſle de Sardaigne, en Europe, dans la Méditerranée. *Turris Libyſonis.*

Le Portugal, grande Province d'Eſpagne. *Luſitani.*

Le Porz-Liocan, rade foraine de baſſe Bretagne, entre la pointe de Saint Mathieu & le Conquet. *Portus Staliocanus.*

Poſéga, Ville de la Turquie Européane, dans l'Eſclavonie. *Picentina.*

Poſon ou Presbourg, Ville de la Turquie Européane, dans la Hongrie. *Piſonium*, ou *Boſa.*

Potenza, Ville d'Italie, dans le Principat ou dans le Baſilicat. *Potentia.*

Poſſei, Village de Normandie. *Buxiacum.*

Potigni, nom de Village ou de Terre de France. *Potiniacum.*

Potozi. *Voiez*, la Plata.

Pou. *Voiez*, Pui.

Pouſſei, Village de Normandie. *Buxiacum.*

Pouſſi, Village de Normandie. *Buxiacum.*

Prague, Ville d'Allemagne, Capitale de la Bohême, ſur le Muldau. *Marobudum Marcomanorum.*

Les Préaux, noms de pluſieurs Terres de France. *Pratella.*

La Prêle, nom de Terre en France. *Pratellum.*

Presbourg. *Voiez*, Poſon.

Préſenziano, Ville ou Village d'Italie, dans la Campagne de Rome. *Rufræ.*

Preſlau, Ville de la Turquie Européane, dans la Bulgarie. *Marcianopolis Avarum.*

La preſqu'Iſle du Gange, dans l'Inde Orientale. *Cherſoneſus aurea.*

Prétot, Village de Normandie. *Prati tofta.*

Prévenza, Ville de la Turquie Européane, ſur les côtes de l'Albanie, à l'entrée du Golfe de Larta. *Actium.*

Le Principat, Province de l'Italie méridionale. *Lucania.*

Procita, petite Iſle d'Italie, proche la Campagne de Rome. *Prochyta*, ou *Prochyte.*

La Provence, Paiis de la France méridionale, sur la Méditerranée. *Liguria Goltica*, ou *Galloligures*, ou *Gallia Ligustica.* Autrement *Ligures*, *Salyes*, *Saluvii*, ou *Salluvii*. Florus dit aussi *Celtoligures.*

La Province des Rois, Paiis de l'Amérique méridionale, dans le Pérou. *Basilia.*

La Province de tous les Saints, Paiis de l'Amérique méridionale, dans le Brésil. *Panagia.*

Provins, Ville de France, dans la Brie Champenoise. *Pruvinum Senonum.*

Le Prum ou le Pruim, petite Riviére d'Allemagne, qui tombe dans le Saur ou le Sour autre petite Riviére qui entre dans la Moselle. *Pronza.*

La Prusse, Province de Pologne. *Prutheni.*

Le Pruth, Riviére de la Turquie Européane, dans la Valaquie, qui tombe dans le Danube. *Hierasus.*

Puenté Garay, ruines d'une ancienne Ville d'Espagne, dans l'ancienne Castille, proche de Soria & des Sources du Douro. *Numantia.*

Puenté de la Reina, Ville de la Navarre Espagnole, sur l'Arga. *Cares Vasconum mediterraneorum.*

Puerto. *Voiez*, Porto.

Puech. *Voiez*, Pui.

Puerto Bèges ou Béger, Port d'Espagne, au pied du Cap de Trafalgar. *Bœsippo.*

Pui, nom qui entre en la composition de plusieurs noms, & qui se prononce Pucch, Pec, Pic, Pou, selon les différens endroits. *Podium.*

Le Pui, Ville de France, en Languedoc, Capitale du Velai, proche la Loire. *Anicium Vellavorum.*

Puicerda, Ville d'Espagne, en Catalogne, dans la Cerdagne. *Podium Ceretanum.*

Le Puisaie, canton du Paiis Chartrain, dans l'Orléanois. *Carnutes Podienses.*

Punerot, Village de Lorraine, dans le Soulossois. *Punereium.*

Purmerend, Ville de l'Ouest-Frise, ou de la Nort-Hollande, à l'embouchure du Purmer. *Ostium Purmeri.*

Les Pyrenées, Montagnes d'Europe, entre la France & l'Espagne. *Pyrenæi.*

## Q.

QUANCHEU, Ville de la Chine méridionale, sur le Ta. *Aspithra.*

Quéli, deux Villes de même nom, en la Turquie Européane, dans la Bessarabie. *Lycostomos.*

Le Quênoi, Ville du Hainaut. *Quercetum Aimonis.*

Quentouic, Village de l'Artois, à l'embouchure de la Canche. *Quentovicum*, ou *Portus Iccius.*

Querkebi, Village du Dannemarck, dans l'Isle de Zeeland, proche de Copenhague & de Rinsted. *Templivilla.*

Le Querci, Paiis de France, dans la Guienne. *Cadurci.*

Quérigu, Château de Languedoc, dans le Donesan. *Cheraceutum.*

Querqueville, Village ou Terre de Normandie. *Templivilla.*

La Queue, dans la Brie Parisienne. *Cauda.*

Quevilli, Bourg de Normandie, proche de Rouen. *Clavilleum.*

Quidalet ou Guichalet, ruines de l'ancienne Ville d'Alet, en Bretagne, près du Port de Solidor, sur la Mer, environ à une lieue de Saint-Malo. *Alethum vetus Rhedonum.*

Le Quiéto, petite Riviére d'Allemagne, aux Etats d'Autriche, dans l'Istrie. *Quatum.*

Quillebeuf, Village de Normandie, dans le Roumois, sur la Seine. *Guellebotum*, ou *Guellebodium*, ou *Fontivilla.*

Quimper-Corentin, Ville de France, en Bretagne, Capitale du Diocése de Cornouailles. *Vagoritum novum Curiosolitum.*

Quiovie, Ville de Pologne, Capitale du Palatinat de même nom, sur la Nièpre. *Amadoca.*

# R.

RACLIA, petite Isle, ou plutôt écueil, dans l'Archipel de la Méditerranée, de quatre lieues de tour, à une lieue de Skinosa, à quatre lieues de Naxie & de Nio. *Nicasia.*

Le Rabodeau, ruisseau de Lorraine, dans le Chaumontois, qui tombe dans la Meurte. *Rabado.*

Ragusa Vecchia, Village & restes d'une ancienne Ville de la Turquie Européane, dans la Dalmatie. *Epidaurum*, ou *Epidaurus vetus.*

Raguse, Ville maritime de la Turquie Européane, dans la Dalmatie. *Epidaurum novum*, ou *Epidaurus nova.*

Rain, Ville d'Allemagne, dans la Baviére ou dans la Souabe, sur le Danube. *Clarenna Vindelicorum.*

Rakelsbourg, Village d'Allemagne, aux Etats d'Autriche, dans la Stirie, sur le Muer. *Alicanum*, ou *Raclitanum.*

Randazzo, Ville de Sicile. *Tissa*, ou *Tisse.*

Rangeval, Abbaiie de Lorraine, dans la Voivre. *Regina Vallis.*

Raon sur Meurte, Village du Chaumontois. *Rado Calvimontensis.*

Raon sur Plaine, Village dans le Salmois. *Rado Salmensis.*

Le Rasès ou Reddes, canton du Languedoc, où sont le Paiis de Sault, les Villes d'Aleth, de Limous, &c. *Tectosages Reddenses.*

Ratisbonne, Ville d'Allemagne, en Baviére, sur le Danube. *Augusta Tiberii. Reginum*, ou *Regina Castra.*

Ratschac, Ville d'Allemagne, aux Etats d'Autriche, dans l'Archiduché d'Autriche, ou dans la Carniole. *Pratorium Latovicorum.*

La Ravanne, petite Riviére du Gâtinois, qui se rend dans le Louain, à Moret. *Arovanna.*

Ravenne, Ville d'Italie, dans la Romagne, sur le Golfe de Venise. *Ravenna Sabinorum.*

Raxa, Ville d'Afrique, autrefois dans la basse Libie. *Paratonium.*

L'Isle de Ré, sur les côtes du Paiis d'Aunis. *Radis.*

Recco, Village d'Italie, sur la côte de l'Etat de Gènes. *Ricina Ligurum.*

Réculver, Village maritime d'Angleterre, dans le Sussex, vers la Tamise. *Regulbium Cantiorum.*

Reddes. *Voiez*, le Rasès.

Reggio, Ville d'Italie, dans le Modénois. *Regium Lepidi.*

Régio, Ville d'Italie, dans la Calabre. *Rhegium Julium Bruttiorum.*

Rehincourt, Village de Lorraine, en Chaumontois, à la source du Lévron. *Rehesa Caldo Curtis.*

Reichenou, Abbaiie d'Allemagne, dans une petite Isle du Lac de Constance. *Augia.*

Reims, Ville de France, en Champagne, sur la Véle. *Durocortorum Remorum.*

Reinel, Village de Champagne, dans le Bassigni. *Rinellium.*

Le Reinland, petit Paiis de Hollande, à l'issue du Rhein, autour de Leide & des deux Catouic. *Rhenolandia.*

Rein-Zabern, Village du Palatinat de l'Allemagne, sur l'Erlboch, près du Rhein. *Taberna Nemetum*, ou *Rhenenses.*

Le grand Rématiari. *Insula Hecates major*, ou *Psammite major.*

Le petit Rématiari. *Insula Hecates minor*, ou *Psammite minor.*

Les Rématiaris, deux écueils petits & plats entre les deux Sdiles, dans l'Archipel de la Méditerranée, au milieu des Ciclades. *Insula Hecates*, ou *Insula Psammites.*

Remberviller, petite Ville de Lorraine, dans le Chaumontois, sur la Mortagne. *Remberti Villare.*

Remilli, Village de Lorraine, au Paiis Messin, sur le Nid François. *Rumeliacum.*

Remiremont, Abbaiie de Lorraine, au Paiis d'Havend, dans le Chaumontois, sur la Moselle. *Romarici Mons.*

Le Rémois, Paiis de France, en Champagne. *Remi.*

Rhénen. *Grinnes.*

Rennes, Ville de France, Capitale de Bretagne, sur la Vilaine, au confluent de l'Isle. *Condate Rhedonum.*

La Réole, Ville du Basadois, sur la Garonne. *Regula Vasatum.*

Repai, Village de Lorraine, dans le Saintois. *Reparium Segintense.*

Réthel, Capitale du Réthelois, en Champagne, sur l'Aîne. *Regiteste*, ou *Reiteste Remorum.*

Rétimo, Ville de l'Isle de Candie. *Rhitymna*, ou *Rhitymnia*.

Rets, Château & Village, dans le Comté Nantois, au Midi de la Loire. *Ratiatum Namnetum*.

Le Duché de Rets, Païis maritime du Comté Nantois, au Midi de la Loire. *Namnetes Ratiatenses*.

Reviers, Village de Normandie. *Ripuaria*.

La Reus, petite Riviére d'Allemagne, dans la Suisse, qui tombe dans l'Aare. *Ursa*.

La Rhenée, petite Isle de l'Archipel de la Méditerranée, proche les Sdiles. *Rhene*, *Artemis*, *Celadussa*.

La Baie de Rian, qui renferme au Nord la Presqu'Isle du Galouai, dans l'Ecosse méridionale. *Vidogara*.

Le Ribel, Golfe & embouchure d'une Riviére de la grande Bretagne. *Belisama*.

Ribéra grandé, ou la grande Ribéra, Capitale des Isles du Cap Verd, à l'Ouest de l'Afrique. *Riparia magna*.

Richborou, petite Ville maritime d'Angleterre, dans le Suffex. *Rutupiæ Cantiorum*, ou *Portus Trutulensis*.

Richecourt, Village de Lorraine, dans l'Ornais. *Richranni Curtis*.

Ricla, Ville d'Espagne, dans la Castille. *Nergobriga Celtiberorum*.

Riès, Ville de France, en Provence. *Albece Reiorum Apollinarium*, ou *Segoreiorum*.

Riésingen, Ville ou Village de France, dans la Lorraine, entre Mets & Saerburg. *Ricciacum*.

Riéti, Ville d'Italie, dans la Sabine. *Reate Sabinorum*.

Riéval, Abbaiie de Lorraine, dans le Païis de Béden, à une demie lieue de Void. *Regia Vallis*.

Rieux, Ville de France, dans le Languedoc. *Rivi Tectosagum*.

Rigol, Village de la haute Allemagne, proche Cologne. *Rigodulum Treverorum*.

Rimagen, petite Ville de la haute Allemagne, entre Bonn & Andernac. *Rigomagus Treverorum*.

Rimini, Ville d'Italie, dans la Romagne. *Ariminum*.

Ringvood, petite Ville d'Angleterre, dans le Suffex. *Regnum*.

Rio grandé, Province de l'Amérique méridionale, dans le Bresil. *Megalopotamia*.

Rio Ave, ou la Vizzella, petite Riviére d'Espagne. *Avo*.

Rio Caminato, ou Rio di Mosso, petite Riviére de la Campagne de Rome, dans l'Italie. *Allia*.

Rio de Carlette, petite Riviére d'Espagne, qui passe peu loin de Turis, & se décharge au dessous d'Alzira. *Turius*, ou *Tyrius*.

Rio Cavado, petite Riviére d'Espagne. *Celadus*.

Rio Grétonès, petite Riviére d'Espagne, dans le Portugal. *Alestes*.

Rio de la Hacha, Païis de l'Amérique méridionale, dans la Terre ferme. *Faciana.*

Riom, Ville de France, dans l'Auvergne. *Ricomagus Arvernorum.*

Rio major, petite Riviére d'Afrique, dans la Barbarie. *Nasabatus.*

Rio Méro, petite Riviére de Galice, qui tombe dans le fond du Golfe de la Corugna. *Mearus.*

Rio de Morvèdre, petite Riviére d'Espagne, dans le Roiiaume de Valence. *Turulis.*

Rio de la Plata, Province de l'Amérique méridionale, dans le Paraguai. *Argyropotamia.*

Rio de la Plata, Fleuve de l'Amérique méridionale. *Argyris.*

Rio Ségura, petite Riviére d'Espagne, dans le Roiiaume de Valence. *Sorabis*, ou *Tader.*

Rio Vau Cerveiro, petite Riviére d'Espagne, dans la Galice. *Virus.*

Rio Verdé, petite Riviére d'Espagne. *Barbesul*, ou *Barbesola.*

Rio de Xativa, petite Riviére d'Espagne, dans le Roiiaume de Valence, où elle passe à Xativa. *Sætabis.*

Ripen, Ville d'Allemagne, dans le Jutland. *Ripa Cimbrorum.*

Risino, Ville maritime de la Turquie Européane, dans la Dalmatie. *Rhizinium*, ou *Rhizon.*

Le Riva, petite Riviére ou ruisseau de la Natolie, dont les sources sont vers le Bosphore de Thrace, & dont l'embouchure est à l'entrée & sur la côte méridionale de la Mer Noire, à dix lieues du Village de Kilia. *Rhebas.*

La Riviére Jaune. *Voiez*, le Hoamho.

La Riviére de Neuchâtel, dans le Paiis de Caux. *Deppa.*

Roane, Ville de France, dans le Lionnois, sur la Loire, Capitale du Roannès. *Rodumna.*

Le Roannès, Paiis de Forès, dans le Lionnois. *Segusiani Rodumnenses.*

Robert-Espagne, Village de Lorraine, dans le Barrois, sur la Saux. *Roberti Hispania.*

Rocadillo, lieu & ruines d'une ancienne Ville d'Espagne, à l'extrémité de la Baie de Gibraltar, sur la Guadarranque. *Carteia.*

Rocaglia, Ville ou Village d'Italie, dans le Modénois. *Colicaria.*

La Rochelle, Ville & Port de France, en Poitou, dans le Paiis d'Aunis. *Rupella Avedonacensium.*

Les Rochers ou écueils de Pavonares, dans la Méditerranée, dans le détroit de Constantinople, à l'entrée de la Mer Noire. *Cyaneæ*, ou *Symplegades.* Ce sont deux Isles hérissées de plusieurs pointes.

Rochester, Ville d'Angleterre, dans le Sussex, Capitale de son nom. *Durobrivis Cantiorum.*

La Rochote, Abbaiie ou Prieuré de Lorraine, dans le Toulois. *Rupecula Tullensis.*

Rhode, Isle d'Asie, dans la Méditerranée. *Rhodos*, autrement, *Æthraa*, *Corymbia*, *Ophiusa*, *Poeessa*, ou *Telchinis.*

Rodès, Capitale du Rouergue. *Segodunum Ruthenorum.*

Rodia, Ville ou Village d'Italie, dans la Terre d'Otrante ou de Bari, ou dans le Basilicat. *Garnæ Portus.*

La Roer, petite Riviére d'Allemagne, aux Païis-Bas, dans la Gueldre, qui tombe dans la Meuse à Ruremonde. *Rora.*

Rogiano, Ville ou Village d'Italie, dans la Calabre. *Vergæ Bruttiorum.*

Roha, Ville de la Turquie Asiatique, dans le Diarbec. *Edessa.*

Rohan, Bourg & Terre de Bretagne, sur l'Oust. *Rotohammus*, ou *Rubra Villa.*

Roialmeix, Village de Lorraine, dans le Toulois. *Regalis Hortus.*

Roie, Ville de Picardie, dans le Santerre, sur l'Avre. *Rauga.*

Romagnac. *Vicus Ruminiacus.*

La Romagne, Province maritime d'Italie, sur le Golfe de Venise. *Emilia.*

Romain sur Meuse, Village de Lorraine, dans le Soulossois. *Romaniolum.*

La Romanie, Province maritime de la Turquie Européane, sur la Mer Noire, le Golfe de Marmora, & la Mer Egée. *Thracia*, autrement, *Aria*, *Crestona*, *Odrysse*, *Perca*, ou *Scython.*

La Romanie de la Morée. *Voiez*, la Sacanie.

Roman-Moutier, dans la Suisse, au Païis de Vaud. *Romonum Monasterium.*

Rombourg, Village d'Allemagne, aux Païis-Bas, en Hollande, à une lieue de Leide. *Prætorium Agrippinæ.*

Rome, Ville d'Italie, dans la Campagne de Rome, sur le Tibre. *Valentia*, *Roma.*

Romont en Lorraine, dans le Chaumontois. *Mons rotundus.*

Romorentin, Ville de l'Orléanois, dans la Sologne, sur la petite Saudre. *Rivus Morentini.*

Le Rhône, Fleuve de France, qui tombe dans la Méditerranée. *Rhodanus.*

Rôni, Village de l'Isle de France, dans le Mantois, sur la Seine. *Rodonium Madriacense.*

Roses, Ville d'Espagne, dans la Catalogne. *Rhoda Indigetum.*

Rosieres aux Salines, petite Ville de Lorraine, dans le Leuquois, sur la Meurte. *Roserium Leucorum.*

Rossano, Ville d'Italie, dans la Calabre. *Ruscia.*

Roterdam, Ville d'Allemagne, aux Païis-Bas, en Hollande. *Roteria*, ou *Roterodamum.*

Rotot ou Routot, Village de Normandie. *Rubra tosta.*

Rouaumaix, Village de Lorraine, dans le Toulois. *Regalis Hortus.*

Rouci, dans le Diocèse de Laon. *Raucium.*

Rouen, Ville de France, Capitale du Roumois & de toute la Normandie. *Rotomagus Velocassium.*

Le Rouergue, Province de France, dans la Guienne. *Rutheni.*

Le Roumois, canton de Normandie, entre l'Evrevin, le Lieuvin & la Seine. *Velocasses Rotomagenses.*

Le Roussillon. *Volcæ Sardones.*

Rouron, Ville ou Village d'Angleterre, dans la Mercie. *Rutunium Cornaviorum.*

Le Rouver, petite Riviére qui se décharge dans la Moselle. *Erubris.*

Rouvre. *Robur.* Rouvrai, Rouvroi. *Roboretum.* Rouverou. *Roboriolum.* Noms de plusieurs Villages & Terres de France.

La Rubine, Etang, proche de Narbonne. *Lacus Rubresus*, ou *Rubrensis.*

Rufac, petite Ville de France, dans l'Alsace. *Rufiana Rauracorum.*

Rugen, Isle de la Mer Baltique, le long des côtes d'Allemagne, vis-à-vis la Poméranie. *Rugia*, ou *Rugiorum Insula.*

Rugenvald, Ville d'Allemagne, dans la Poméranie, proche l'embouchure du Vipper. *Rugium.*

Ruis, Presqu'Isle de Bretagne, sur la côte méridionale, dans le Diocèse de Vannes. *Reuvisium.*

Le Rum. *Voiez*, l'Amasie.

Ruppes, Village de Lorraine, dans le Soulossois. *Rupes Segintenses.*

Ruremonde, Ville de la basse Allemagne, sur la Meuse, à l'embouchure du Roer. *Roræ ostium.*

La Russie occidentale, ou la petite Russie, Province de Pologne. *Bastarnæ.*

Ruvigni, nom de Village ou de Château, en France. *Rubiniacum.*

Ruvo, Village d'Italie, dans le Principat. *Rufrium Hirpinorum.*

Ruz, Abbaiie ou Prieuré de Lorraine, dans le Barois, sur la Saux. *Rivus Leucorum Barrensium.*

# S.

LA Sabine, petit Paiis d'Italie, dans la Toscane. *Sabini.*

Sablé, Ville du Maine, sur la Sarte, aux confins de l'Anjou. *Saboloium*, *Sabloium*, ou *Saboletum.*

Le Sablestan, Province de Perse. *Carmania deserta.*

La Sacanie ou la Romanie de la Morée, Paiis de cette Province, dans la Turquie Européane. *Argia*, ou *Argolis.*

Saci & Sacei, noms de Villages & de Seigneuries de France. *Saxetum.*

Saclas, petite Ville de Beauce, à deux lieues & au Sud d'Etampes. *Salioclita.*

Sacand, Ville d'Asie, dans la

grande Tartarie, aux Jousbecs. *Alchachia*, ou *Tachuntia*.

Le Sagari, autrement, l'Ava ou l'Aiala, petite Riviére de la Natolie, sur la côte septentrionale, à onze lieues de Kilia. *Sangaris*.

Sahid, Ville d'Egypte, sur le Nil. *Diospolis*.

Le Saïd, Province d'Egypte. *Thebaïs*.

L'Isle de Sain, sur les côtes de la Bretagne occidentale. *Sena*.

Saint Amand, petite Ville de Flandre, dans le Tournésis, sur la Scarpe. *Elnona*.

Saint Andréol, Ville du Vivarais, proche du Rône. *Bergoiate*.

Saint André, Ville de la grande Bretagne, en Ecosse. *Fanum Reguli*.

Saint André, Ville ou Village d'Espagne, dans la Biscaie. *Flavionavia Pœsicorum*.

Le grand Saint Bernard, Montagne des Alpes, entre le le Valais, le Piémont & la Savoie. *Mons Jovis*, ou *Mons Penninus*, ou *Alpis Pennina*.

Le petit Saint Bernard, Montagne des Alpes, dans la Savoie. *Mons Graius*, ou *Alpis Graia*.

Saint Bertrand de Cominges, Ville de France, en Gascogne, Capitale du Comingeois. *Lugdunum novum Convenarum*.

Saint Blin, Village de Champagne, dans le Bassigni. *Benigni Fanum*.

Saint Boniface, Ville de l'Isle de Corse, dans la Mediterranée, proche l'Italie. *Palla*.

Saint Brieux, Ville de France, en Bretagne, sur la côte septentrionale. *Briocum Diablintum*.

Saint Cloud, Village sur la Seine, proche & au dessous de Paris. *Novientum*, ou *Novigentum Clodoaldi*.

Saint Davids, Ville d'Angleterre, dans le Païis de Galles. *Menavia*.

Saint Denis, Ville de l'Isle de France, proche Paris, sur la Crou. *Catulliacum Parisiorum*.

Saint Dié ou les Jointures, petite Ville de Lorraine, Capitale du Val de Saint Dié dans le Leuquois, au confluent de la Meurte & du Rotbac. *Junctura Galileenses*, ou *Fanum Deodati*.

Saint Disier, petite Ville de Champagne, dans le Pertois, sur la Marne. *Desideriopolis*.

Saint Domingue, Isle de l'Amérique, une des Antilles Méxicaines. *Cyriaconesus*.

Saint Domingue, Ville de l'Amérique, Capitale d'une des Antilles Méxicaines de même nom. *Cyriacopolis*.

Saint Don, Village du Chaumontois en Lorraine. *Donati Fanum*.

Saint Edmunsburi. *Voiez*, Buri.

Saint Elophe, Village ou Terre de Lorraine, dans le Soulossois. *Eliphii Fanum*.

Saint Etienne de Strasbourg, Monastere sur la Riviére de Brusc. *Argentorate vetus*.

Saint Evrou. *Voiez*, Ouche.

Saint Flour, Ville de France, en Auvergne. *Indiciacus*, ou *Mons planus Arvernorum*.

Saint George, anciennement, Boscherville, Abbaiie de Normandie, sur la Seine, deux lieues au dessous de Rouen. *Sylva Hervillana*.

Saint Germain en Laie, Ville de l'Isle de France, proche de la Seine, à quatre lieues à l'Ouest de Paris. *Ledia Germani*, ou *Germanopolis Ledia*.

Forêt de Saint Germain en Laie. *Ledia Sylva*. Elle s'étend au Nord depuis la Ville jusques peu loin de Conflans Sainte Honorine.

Saint Gilles, Ville de Languedoc. *Anatilia*.

Le Territoire de Saint Gilles, Ville de Languedoc. *Vallis Flaviana*.

Saint Hubert, Monastere dans la Forêt d'Ardenne. *Andagium*.

Saint Jean d'Angéli, Ville de Saintonge, sur la Boutone. *Angeriacum*.

Saint Jean de Lône, Ville de Bourgogne, dans le Dijonnois, sur la Sône, au dessous d'Aussone. *Latona Oscarensium*.

Saint Laurens en Provence, sur le Var. *Oxybium*.

Saint Laurens en Scarponnois, Chapitre de Lorraine, peu loin de la Moselle & de Scarpone. *Gellanus Mons*.

Saint Licer de Couserans, Ville de France, en Gascogne, Capitale du Paiis de même nom. *Austria Consorranorum*.

Saint Lo, Ville de Normandie, dans le Bessin, sur la Vire. *Briovera*, ou *Verobriva*.

Saint Maixent, Ville du Poitou. *Maxentiopolis Pictonum*.

Saint Malo, Ville maritime de France, en Bretagne. *Aletum novum*, ou *Insula Aaronis*.

Saint Marc, petite Ville de Sicile, dans le Val de Démona, sur la côte septentrionale, à mi-chemin de Palerme à Messine. *Agathyrsa*.

Saint Mars, Village de Lorraine, dans le Chaumontois, proche de la Meurte. *Fanum Martis Calvomontense*.

Le Mont Saint Michel, petite Ville de Normandie, dans la Mer, sur les côtes de l'Avranchin. *Tumba Abrincatum*.

Saint Mihel, petite Ville de Lorraine, sur la Meuse, dans la Voivre. *Castellio Vabrensis ad Mosam*.

Saint Nicolas, Ville de Lorraine, dans le Portois, sur la Meurte. *Villa-portûs*, ou *Portus Leucorum*.

Saint Omer, Ville d'Allemagne, aux Paiis-Bas, dans l'Artois, sur l'Aa. *Audomaropolis*, ou *Sithiu*.

Saint Ouen. *Voiez*, Clichi.

Saint Pancher, Village de Lorraine, dans le Saintois. *Pancratii fanum*.

Saint Paul, trois Châteaux, ou plutôt Saint Paul de Tricastin, Ville de France, en Dauphiné, dans le Tricastin, à une lieue du Rhône. *Noviomagus Tricastinorum*.

Saint Paul de Léon, Ville de France, en Bretagne, sur la côte septentrionale. *Leona Osismiorum.*

Saint Paulien, petite Ville du Velai, dans le Languedoc, près le Pui. *Ruessium Velaunorum*, ou *Vellevum.*

Saint Pons de Tomiéres, Ville de France, dans le Languedoc. *Tomeria.*

Saint Quentin, Ville de France, en Picardie, Capitale du Vermandois, sur la Somme. *Augusta Veromanduorum.*

Saint Remi, petite Ville de Provence, en France, vers Cavaillon. *Glanum Livii.*

Saint Sébastien, Ville de l'Amérique méridionale, au Paraguai, dans le Guaira & dans le Paiis de Rio Janéiro. *Sebastianopolis Januaria.*

Saint Seine, Village de la Montagne, en Bourgogne, sur l'Ignon. *Segestre.*

Saint Thuberi, Village de France, en Languedoc. *Cessero*, ou *Araura.*

Saint Tron, petite Ville du Paiis de Liége, dans la Hasbaie. *Trudonopolis.*

Saint Valeri, Ville de Picardie, dans le Vimeux, à l'embouchure de la Somme, *Leuconaiis.*

Saint Victorin, Ville d'Italie, dans l'Abrusse. *Amiternum.*

Saint Weith ou Saint Oueith, Ville d'Allemagne, aux Etats d'Autriche, dans la Carinthie. *Norcia.*

Sainte Catherine, ruines d'une ancienne Ville, dans l'Isle de Corse. *Clunium.*

Sainte Florence, restes d'une ancienne Ville de l'Isle de Corse. *Canelata.*

Sainte Hou, Abbaiie ou Prieuré de Lorraine, dans le Barois. *Hoildis fanum.*

Sainte Menehou, petite Ville de Champagne, dans l'Argone, sur l'Aîne, au confluent de l'Auve. *Auxuenna.*

La Sainte Montagne, dans la Turquie Européane, en Macédoine, entre le Golfe de Contesse & celui de Saloniki. *Athos.*

Saintes, Ville de France, Capitale de la Saintonge, sur la Charente. *Mediolanum Santonum.*

Le Saintois, Paiis de Lorraine, compris entre le Chaumontois, le Paiis de Mircourt, le Soulossois, le Paiis des Vaux, & le Toulois. *Leuci Segontenses*, ou *Sugintenses.*

La Saintonge, Province de France. *Santones.*

Les Saiserès, Villages ou Maisons de Campagne, en Lorraine, dans le Scarponois. *Cæsareæ arces Scarponensium.*

Salabrégna, petite Ville d'Espagne, sur le Golfe de Cartagène. *Selambina.*

Salamanque, Ville d'Espagne, dans le Roiiaume de Léon. *Salmantica Vettonum.*

Salbris, Village du Blaisois, sur la grande Saudre. *Salebriva.*

Salenelle, Village de Normandie, situé près de l'embouchure de la Riviére d'Orne. *Salinellæ.*

Salisbéri, Ville d'Angleterre, dans l'Oueſſex. *Severia*, ou *Sorviodunum*.

Le Salm, petite Riviére de la haute Allemagne. *Salmona*.

Salone, petit Village de Lorraine, dans le Saunois, proche de la Seille. *Salona Leucorum Salinenſium*.

Saloniki, Ville de la Turquie Européane, Capitale de Macédoine. *Theſſalonica*, ou *Therma*.

Salphé, Village d'Italie, reſtes d'une ancienne Ville, dans le Capitanat. *Salapia*.

Saluces, Ville d'Italie, dans le Mont-Ferrat. *Auguſta Vagiennorum*.

Le Salvetat. *Voiez*, le Sauvetat.

Le Salz, petite Riviére d'Allemagne, qui tombe dans l'Inn. *Jovavus*.

Salzbourg, Ville d'Allemagne, dans la Baviére, ſur le Salz. *Jovavis*, autrement *Jovavum*, ou *Juvavia Noricorum*.

Samandraki, Iſle de la Turquie Européane, dans l'Archipel, proche les côtes de la Romanie. *Samothracia*, *Leucoſia*, *Melita*.

Samarcand, Ville d'Aſie, dans la grande Tartarie, au Païis des Jousbecs. *Macaranda*.

Sammaki. *Voiez*, Scamakie.

Les Samoièdes, peuples ſeptentrionaux de la grande Tartarie. *Arimaſpi*.

Samopoula, petite Iſle de la Méditerranée, dans l'Archipel, proche la côte méridionale de Samos, vis-à-vis le Cap Colonne. *Ripara*.

Samos, Iſle de l'Archipel de la Méditerranée, à une demie lieue de la Natolie occidentale. *Samos*, ou *Dryuſa*.

Samſon, Village de la Natolie occidentale, peu loin de la Montagne de Samſon, vis-à-vis l'Iſle de Samos, ſur le petit Boghas. *Priene*.

San Filippo d'Argironé, Ville de Sicile. *Agyrina*, ou *Argyrium*.

San Giovani di Bidini. *Voiez*, Bidini.

San Juan de las Badéſas, petite Ville d'Eſpagne, dans la Catalogne. *Bedeſa*.

San Laurenzo, petite Ville d'Italie, dans la campagne de Rome. *Laurentum*.

San Léo, petite Ville d'Italie, dans l'Ombrie. *Mons Feretrus*.

San Matthéo, Ville ou Village d'Eſpagne, dans la Catalogne. *Incibili*, ou *Indibile Ilercaonum*.

San Salvador, Ville d'Afrique, en Guinée, Capitale du Congo. *Voiez*, Banza.

San Salvador, Ville de l'Amérique méridionale, dans le Bréſil, Capitale de la Province de tous les Saints. *Soteropolis Braſilorum*.

San Sévérino, Ville d'Italie, dans les Provinces du milieu. *Septempeda*.

Sanec, Ville ou Village d'Allemagne, aux Etats d'Autriche, dans la Carinthie. *Sianticum Noricorum*.

Sancerre, Ville du Berri, proche de la Loire, au deſſous de la Charité. *Sincerra*, *Vicus Saxiacus*.

Sangiar, Village de la Turquie Asiatique, dans l'Arabie. *Singara.*

Le Sangro, petite Riviére d'Italie, dans l'Abrusse ou dans le Comté de Molisse. *Sagrus.*

Sanoi, Village de l'Isle de France, entre Saint Denis & Franconville. *Centinucium.*

Sanoné, petite Isle d'Italie, proche la campagne de Rome, vers Gaète. *Sinonia.*

Sant Angélo ou Monticelli, Ville ou Village d'Italie, dans la Sabine. *Cœnina Sabinorum.*

Sant Angélo in Vado, Ville d'Italie, dans la Calabre méridionale, sur le Marro. *Tifernum Metaurense.*

Sant Antioco, petite Isle dans la Méditerranée, en Europe, aux environs de la Sardaigne. *Enosis.*

Sant Arpino, Ville ou Village d'Italie, dans la Terre de Labour. *Atella Opicorum.*

Sant Elpidio. *Voiez*, Sant Arpino.

Sant Jago, Ville de l'Amérique méridionale, Capitale du Chili. *Jacobopolis Cilensium.*

Santa Fé, Ville de l'Amérique septentrionale, Capitale du nouveau Méxique. *Pistagia.*

Santa Maria di Capua, Village d'Italie, dans la Terre de Labour, à une petite demie lieue de Capoue. *Capua Vetus.*

Santa Maria de Cavultéré, Ville ou Village d'Italie, dans le Comté de Molisse ou dans l'Abrusse. *Compulteria Samnitum.*

Santa Sévéra, Ville maritime d'Italie, dans la Toscane. *Pyrgi Etruscorum.*

Santaren, Ville d'Espagne, dans le Portugal. *Præsidium Julium*, ou *Scabilis.*

Santen, Village d'Allemagne, aux Païis-Bas, dans le Duché de Clèves. *Vetera castra Gugernorum.*

Santérini ou Santorin, Isle d'Europe, dans la Méditerranée, l'une des Sporades, au Nord de Candie. *Thera*, ou *Calliste.*

Le Santerre, canton de Picardie, entre l'Avre & la Somme. *Ambiani Sanlterienses.*

Sanza, Ville ou Village d'Italie, dans le Basilicat ou dans le Principat. *Sontia Lucanorum.*

La Saoné, petite Riviére d'Italie, dans la campagne de Rome. *Savo.*

Le Sarabat, Riviére de la Natolie propre, qui reçoit le Pactole, passe à une demie lieue de Magnésie, & se jette dans l'Archipel de la Méditerranée, entre Nova Fochia & Méminen. *Hermus.*

Saragoça, restes d'une ancienne Ville de Sicile, sur la côte orientale, dans le Val de Noto. *Syracusæ.*

Saragosse, Ville d'Espagne, Capitale de l'Aragon, sur l'Ebre. *Cæsaraugusta*, ou *Salduba.*

Sarbrouc en Lorraine, dans le Sargau, sur la Sâre, au dessus de Sarbruc. *Pons Saravi.*

Sarbruc, petite Ville d'Alsace,

dans le Sargau, sur la Sâre, à quatre lieues au dessus de Sarlouis. *Saranusca.*

La Sardaigne, Isle de la Méditerranée, aux environs de l'Italie. *Sardinia*, autrement *Ichnusa*, ou *Sandaliotis.*

La Sâre, petite Riviére de France, qui tombe dans la Moselle au dessus de Trèves en Allemagne. *Saravus*, ou *Sarra.*

Le Sargau, Païis de l'Alsace, le long de la Sarre. *Tribocci Savarenses.*

Le Sargau ou le Baillage Allemand, Païis de Lorraine, le long de la Sâre. *Sarachova superior.*

Sarlat, Ville de France, dans la Guiène. *Sarlatum.*

Sarmusada, Ville de la Turquie Asiatique, dans la Natolie. *Mazaca Cæsarea.*

Sarouar, Château de la Turquie Européane, en Hongrie, sur le Rab, au confluent du Libnics. *Sabaria Boiorum Marcomanorum.*

Satalie, Ville de la Turquie Européane, dans la Caramanie, Province de la Natolie. *Attalia.*

Le Saterno, petite Riviére d'Italie, qui passe à Imola dans la Romagne, & tombe dans le Pô. *Vatrenus.*

Savallo, Village d'Italie, dans l'Etat de Venise. *Sabium Euganeorum.*

Le Savato, petite Riviére d'Italie, dans le Principat. *Sabatus.*

Savatopoli, Ville de la Turquie Asiatique, dans la Géorgie. *Dioscurias*, ou *Sebastopolis Albanorum.*

La Save, Riviére de la Turquie Européane, qui se jette dans le Danube. *Saüs.*

Saverne, ou Elsas-Zabern, Ville ou Village de France, en Alsace. *Tabernæ Tribochorum*, ou *Tres Tabernæ.*

Savigni, nom de Village ou de Terre en France. *Sabiniacum.*

Savillon, Village de Bourgogne, dans le Portois. *Solis Villare.*

Sault, Ville de la Provence septentrionale, sur la Nesque. *Saltus Salyum.*

Le Sault, petite Riviére de Champagne, qui joint la Marne au dessous de Vitri-le-François. *Saltus.*

Le Païis de Sault, dans le Rasès, en Languedoc. *Saltus Reddensis.*

Saumur, Ville de France, en Anjou, Capitale du Saumurois, sur la Loire. *Salmurus Andegavorum.*

Le Saunois ou le Païis de Salins, en Lorraine. *Leuci Salinenses.*

La Savoie, Province de l'Italie septentrionale. *Allobroges Sabaudi.*

Savonieres, Village de Champagne, dans le Diocèse de Châlons, entre la Marne & la Saux. *Saponariæ Catalaunenses.*

Savonieres en Lorraine, dans le Toulois, à une lieue de la Ville de Toul. *Saponariæ Tullenses.*

Savonieres en Touraine, sur le

Cher. *Saponaria Turonenses.*

Sauques, nom de Village ou de Terre en Normandie. *Salices.*

Le Saur ou le Sour, petite Riviere de l'Allemagne, dans les Paiis-Bas, qui entre dans la Moselle à Vasserbirlic, au dessus de Trèves. *Sura.*

Sausserote, Village de Lorraine, dans le Saintois. *Salicula Segintenses.*

Sauslures, Village de Lorraine, dans le Chaumontois, proche de la Meurte. *Salsuria.*

La Sauvetat, petite Ville de France, en Gascogne, dans l'Armagnac, entre l'Isle Jourdain & Toulouse. *Ad Jovem.*

Sauvigni, Village de Lorraine, dans le Soulossois, sur la Meuse. *Selvineium.*

Sauvoi, Village de Lorraine, dans le Paiis des Vaux, sur le Void. *Sylviacus Vallensis.*

Sayd, Ville de la Turquie Asiatique, en Sourie, dans la Phenicie. *Sidon.*

Le Scafati, petite Riviére d'Italie, qui sépare la Terre de Labour du Principat, coule devant la Ville de Sarno, & tombe dans le Golfe de Naples. *Sarnus.*

Scala Nova ou Cousada, Ville maritime de la Natolie occidentale, au Sud d'Aiasaloue, à une journée de Tire & de Guset. *Neapolis Milesiorum.*

Scalona, Ville de la Turquie Asiatique, en Sourie, dans la Palestine. *Ascalo.* de neutre genre.

Scamakie ou Sammaki, Ville d'Asie en Perse, dans le Shirvan. *Cyropolis Medorum.*

Scanda, petite Isle de la Turquie Européane, dans la Mer Egée, proche de Sciro. *Scandila*, ou *Scandile.*

Scapring. *Voiez*, Oédimbourg.

Scarpanto, Isle de la Turquie Asiatique, dans la Méditerranée, proche l'Isle de Rhodes. *Carpathus.*

Scau, Ville de la grande Tartarie, dans le Paiis des Kirgissis. *Grustina*, ou *Maxinscum.*

Scio, Isle de la Turquie Asiatique, dans la Mer Egée, proche la côte occidentale de la Natolie, de quarante lieues de tour. *Chius*, ou *Chios.*

Sciro, Isle de la Turquie Européane, dans la Mer Egée, proche l'Isle de Negrepont. *Scyros.*

La Scombréra, petite Isle de la Méditerranée, proche l'Espagne, à l'entrée du Port de Carthagène. *Insula Herculis*, ou *Scombraria.*

Scutari, Ville de la Turquie Européane, dans l'Albanie. *Uranopolis*, ou *Chrysopolis.*

La grande Sdile. *Delos magna*, ou *Ortygia.*

La petite Sdile. *Delos parva.*

Les Sdiles, petites Isles d'Europe, dans l'Archipel de la Méditerranée, du nombre des Ciclades. *Delos gemina.*

Sébastia, Ville de la Turquie Asiatique, en Sourie, dans la Palestine. *Sebaste*, ou *Samaria.*

Sébénigo, Ville maritime de

la Turquie Européane, en Dalmatie. *Sicum Dalmatarum.*

Seckingen, Ville d'Allemagne, dans la Souabe, sur le Rhein, au dessus de Bâle. *Sanctio Vindelicorum.*

Séclin, Village de Flandre, dans le Melantois. *Sacilinium.*

Secourt, Village de Lorraine, dans le Saunois. *Sygramnocurtis.*

Sééland, Isle de la Mer Baltique, proche l'Allemagne, vers le Jutland. *Teutonia major*, ou *Codanonia Teutonum.*

Les Séélandois & les Fioniens, peuples de Sééland & de Fionie, deux Isles de la Mer Baltique, proche l'Allemagne, vers le Jutland. *Teutoni.*

Seès, Ville de France, en Normandie. *Sagiopolis.*

Ségesbourg ou Ségesvar, Ville de la Turquie Européane, dans la Transilvanie. *Sandava,* autrement *Sciburgium, Segethusa*, ou *Singidava.*

Ségna. *Voiez*, Zeng.

Ségni, Ville d'Italie, dans la Campagne de Rome. *Signia Volscorum.*

Ségorbe, Ville d'Espagne, dans le Roiiaume de Valence. *Segobriga.*

La Ségre, petite Riviére d'Espagne, dans la Catalogne. *Sicoris.*

La Seille, petite Riviére de France, dans la Lorraine, qui entre dans la Meurte. *Salia.*

La Seille, petite Riviére de Lorraine, qui vient de l'Etang de Lindre, proche de Dieuse, traverse le Saunois, puis sépare le Saunois du Scarponois, & se jette dans la Moselle au Paiis Messin, après avoir passé à Dieuse, à Marsal, & à Norméni dans le Saunois; & à Mets dans le Paiis Messin. *Salia.*

Scine, Ville de la Provence septentrionale. *Sedena*, ou *Sezena.*

La Seine, Fleuve de France, qui se rend dans l'Océan en Normandie. *Sequana.*

Selch, Village d'Allemagne, aux Etats d'Autriche, dans la Carinthie. *Saocha Noricorum.*

Le Sélo, petite Riviére d'Italie, dans le Principat. *Silarus*, ou *Siler.*

Selz, petite Ville de la haute Allemagne, à l'embouchure d'une petite Riviére de même nom. *Saletio Nemetum*, *Saliso*, *Salossa*, ou *Salsa.*

Séména. *Voiez*, Gemna.

Sémendre. *Voiez*, Zendreuil.

Le Semiro, petite Riviére d'Italie, en Calabre, dans le Golfe de Squillace. *Semirus.*

La Sémoi, Riviére du Paiis de Luxembourg, qui passe à Bouillon, prend sa source près d'Arlon, & tombe dans la Meuse, un peu au dessous de Château-Renaud. *Sesomiris*, ou *Sesmarus.*

Semur, Ville de la Bourgogne occidentale, dans l'Auxois, sur l'Armanson. *Sinemurus Alesiensium.*

Sémur, Ville de la Bourgogne

occidentale, dans le Briennois. *Sinemurus Brannovicum.*

Le Sénéga, Fleuve. *Voiez*, Le Niger.

Le Sénéga, Païis d'Afrique, dans la Nigritie, vers l'embouchure du Niger. *Daradi.*

Sénes, petite Ville de France, en Provence. *Sanitium.*

Le Sénio. *Voiez*, le Senno.

Senlis, Ville de l'Isle de France, sur la Nonète. *Augustomagus Ulmanetum*, ou *Sylvanectum.*

Le Sennar, Roiïaume & grande partie d'Afrique. *Nuba.*

Le Senno ou le Sénio, petite Riviére d'Italie, qui tombe dans le Po, au dessus de Ravenne. *Sinnum.*

Le Sénonois, Païis de France, en Champagne, & dans une petite partie du Duché de Bourgogne. *Senones.*

Sens, Ville de France, en Champagne, Capitale du Sénonois, sur l'Ione. *Agedincum Senonum.*

Sentina, Village d'Italie, dans l'Ombrie. *Sentinum Umbrorum.*

Séraumont, Village de Lorraine, dans l'Ornais. *Cereris Mons.*

Le Serchio, petite Riviére d'Italie, dans la Toscane. *Auser.*

Serfo, Serfino ou Serfanto, petite Isle dans l'Archipel de la Méditerranée, au Nord & proche de Sifanto. *Seriphus.*

Sermonéta, Ville d'Italie, dans la campagne de Rome. *Sulmo Volscorum.*

Le Sernon, ruisseau de Lorraine, où il coule dans le Blamontois, & dans le Chaumontois, & tombe dans la Meurte, peu au dessus du Port Saint Nicolas. *Cerno.*

Sérofano. *Voiez*, Isola.

Serpentéra. *Voiez*, Cortélazo.

Le Sérail de Scutari. *Voiez*, le Cap de Scutari.

La Serre, Riviére du Poitou occidental. *Separis.*

La Servie, province de la Turquie Européane. *Mœsia.*

Le Servois, canton de l'Isle de France, qui contient le Diocèse de Senlis. *Ulmaneta*, ou *Sylvanectes.*

Sésanne, petite Ville de la Brie Pouilleuse, ou Champenoise, sur l'Auge. *Sezania.*

La Sessia, petite Riviére d'Italie, entre le Piémont & le Milanès, qui se jette dans le Po. *Sessites.*

Sestri, Ville maritime d'Italie, dans l'Etat de Gènes. *Segesta Tiguliorum.*

Sétia, Ville de l'Isle de Candie, dans la méditerranée, sur la côte septentrionale, de la partie la plus orientale de l'Isle. *Cytæum vetus.*

Sétines. *Voiez*, Astines.

Seton, Ville d'Angleterre, dans le Northumberland. *Segedunum Ottadinorum.*

Le Mont de Sette, sur les côtes de Languedoc. *Mons Setius.*

Le Seudre, Port de Saintonge, au Midi du Brouage. *Portus Santonum.*

Sève, Village de l'Isle de France, sur la Seine, entre Paris & Versailles. *Separa*, ou *Savara*, ou *Savarobriva*.

La Sève ou Sèvre, Ruisseau de l'Isle de France, qui vient de Porché-Fontaine, coule entre Montreuil, Viroflai & Chaville, & se décharge dans la Seine à Sève au dessus de Saint Cloud. *Separa*, *Savara*, *Marinellus*.

Sévenberg, petite Ville de Hollande, sur la Marc. *Septimontium*, ou *Heptorea*.

Sévérina, Ville d'Italie, dans la Calabre. *Siberena*.

Séville, Ville d'Espagne, Capitale de l'Andalousie. *Hispalis*, autrement *Colonia Romulensis*, ou *Colonia Julia Romana*.

Séville la vieille, Ville d'Espagne, dans l'Andalousie. *Italica*.

La Sèvre, Riviére de Poitou. *Savara*.

Sezza, Ville ou Village d'Italie, dans la campagne de Rome. *Setia Volscorum*.

Shélestat, petite Ville de France, en Alsace. *Helcebus Tribochorum*.

Le Shennon, petite Riviére d'Irlande. *Senus*, ou *Scena*.

Shepei, petite Isle Britannique, sur les côtes d'Angleterre, à l'embouchure de la Tamise. *Toliapis*.

Shétland, la principale des petites Isles Britanniques de ce nom, au Nord de l'Ecosse. *Pomonia borea*.

Shiarasur, Ville de la Turquie Asiatique, dans l'Iérac. *Arbela nova*.

Shonga, Ville d'Allemagne, en Baviére. *Esco Licatium*.

Shonove, Ville de Hollande, sur la Rive droite du Lec. *Bella Curia*, ou *Bellus portus Batavorum*.

Shornagorod, Ville de la grande Tartarie, dans le Roiiaume de Tangut. *Caracotonum*.

Shoven, Isle de Zelande. *Scaldia*.

Shrouesburi, petite Ville d'Angleterre, dans la Mercie, sur la Saverne. *Viroconium Cornaviorum*.

Siam, Ville d'Asie, dans l'Inde orientale, Capitale du Roiiaume de son nom, sur l'embouchure orientale du Ménam. *Asparata*, autrement *Asphetira*, *Aspitra*, *Tina*, ou *Sina*.

La Sibérie, partie de la grande Tartarie. *Sebiria*, ou *Abarimon*.

La Sicile, grande Isle voisine de l'Italie, dans la Méditeranée. *Sicilia*, autrement, *Trinacria*, *Triquetra*, ou *Sicania*.

Sidra, Isle de la Turquie Européane, dans la Mer Méditerranée, proche les côtes orientales de la Morée, à l'entrée du Golfe de Napoli. *Calauria*.

Le Siébengebirge, Montagne de la haute Allemagne, vis-à-vis la Ville de Bonn. *Rhetico*.

Sienne, Ville d'Italie, dans la Toscane. *Sena Julia*.

Sierra di Guadalupé é di Pico, Montagnes d'Espagne. *Carpetana Juga*.

Sierra Liona, Montagne d'Afrique, sur la côte de la Guinée. *Currus deorum*, ou *Mons Rhysadius.*

Sierre de la Monas, Montagne d'Afrique, en Barbarie, près du détroit de Gibraltar. *Abila.*

Sierra dé los Vertientes, Montagne d'Espagne. *Mons Solorius.*

Sifanto, Isle d'Europe, dans la Mer Egée, du nombre des Ciclades. *Siphnus, Acis, Merope, Meropia.*

La Sige, petite Riviére de la haute Allemagne, qui tombe dans le Rhein, proche Cologne. *Segus.*

Sigen, Ville ou Village de la haute Allemagne, sur la Sige. *Segodunum Juhonum.*

Le Sigestan, Province de Perse. *Drangiane.*

Sigillo, Village d'Italie, dans le Duché d'Urbin. *Suillum*, ou *Helvillum Umbrorum.*

Siguenza, Ville d'Espagne, dans la Castille. *Seguntia Arevacorum.*

Le Sihun, autrement le Késul ou le Taumasse, Fleuve d'Asie, dans la grande Tartarie, qui se perd dans la Mer de Bacu. *Jaxartes*, ou *Orxantes.*

Sikino, petite Isle dans l'Archipel de la Méditerranée, de sept lieues de tour, à près de trois lieues de Nio. *Sicinus, Sicenus, Oenoe.*

Le Sile, petite Riviére d'Italie, dans l'Etat de Venise. *Silis.*

Silmont, Abbaiie ou Prieuré de Lorraine, dans le Barois proche de l'Ornès. *Silinimons.*

Silleri, Village de Lorraine, au Paiis Messin, peu loin de la Seille. *Silcinaga.*

Sinobi, Ville de la Turquie Asiatique, dans la Natolie, sur la Mer Noire, sur l'Istme d'une presqu'Isle de deux lieues de circuit. *Sinope.*

Sion, Ville d'Allemagne, aux Etats Suisses, Capitale du Valais. *Sedunum.*

Sion, en Saintois, dans la Lorraine. *Semita Segintensium.*

Sira, Isle de l'Archipel de la Méditerranée, de treize lieues de tour, à dix lieues de Micouli. *Syros.*

Sirinaket. *Voiez*, Cachemire.

Sirmic ou Szérem, Ville de la Turquie Européane, dans l'Esclavonie, entre la Save & le Drave. *Sirmium.*

Le Sirvan, Province de Perse, entre le Mont Caucase, la Mer Caspienne, la Riviére du Cirus, & la Géorgie. *Albania.*

Sisec ou Sisseg, Ville ou Village de la Turquie Européane, dans la Croatie, sur la Save. *Siscia.*

Sistéron, Ville de France, dans la Provence, sur la Durance. *Secustero*, ou *Durio.*

Sivas, Ville de la Natolie, à deux journées de Tocat vers le Midi. *Sebaste Cappadocum.*

Skenk, Fort de la basse Allemagne septentrionale, où le Rhein partage ses eaux. *Burginatium.*

Skinosa, petite Isle ou plutôt écueil dans l'Archipel de la Méditerranée, d'environ quatre lieues de tour, à trois lieues de Cheiro & à quatre de Naxie. *Schinusa.*

Smirne, Ville de la Turquie Asiatique, dans la Natolie propre. *Smyrna*, ou *Naulochos.*

Soana, Ville d'Italie, dans la Toscane, sur le Fioré. *Suana.*

Socotora, Isle située à égale distance de l'Afrique & de l'Asie, entre la côte d'Ajan, & l'Arabie, au milieu de l'entrée du Golfe de Babel-mandel. *Dioscoridis.*

Sofala, Roiiaume & Ville d'Afrique, dans le Monomotapa. *Ophir.*

Le Soissonnois, Paiis de l'Isle de France, aux environs de Soissons. *Suessiones.*

Soissons, Ville de l'Isle de France, Capitale du Soissonnois, sur l'Aîne. *Noviodunum Suessiônum*, ou *Augusta Suessiônum.*

Soleure, canton de Suisse, en Allemagne. *Ambrones.*

Soleure, Ville d'Allemagne, en Suisse, Capitale du canton de son nom, sur l'Aare. *Salodurus Ambronum.*

Solidor. *Voiez*, Quidalet.

Solito, Ville ou Village d'Italie, dans la Terre d'Otrante. *Soletum*, ou *Salentia.*

Solmona, Ville d'Italie, dans l'Abrusse. *Sulmo Pelignorum.*

La Sologne, canton de l'Orléanois. *Secalaunia*, ou *Carnutes Secalauni.*

Solsone, Ville d'Espagne, dans la Catalogne. *Setelsis.*

Solunto, Ville de Sicile. *Solûs.*

Sommaîne, Village de Lorraine, dans le Barois, à la source de l'Aîne. *Ad summum Axonam.*

La Somme, Riviére de France, en Picardie, qui tombe dans l'Océan. *Samara.*

Somme-Arne, Village de Champagne, à la source de l'Arne, petite Riviére qui tombe dans la Suipe. *Ad Summum Arnam.*

Somme-Bione, Village de Champagne, à la source de la Bione, petite Riviére qui tombe dans l'Aîne. *Ad Summum Bionam.*

Somme-Pi, Village de Champagne, à la source du Pi, petite Riviére qui tombe dans la Suipe. *Ad Summum Pidum.*

Somme-Port ou Sainte-Christine de Somme-port, au pied des Pyrénées, sur le Gâve d'Aspe. *Summus Pyrenæus.*

Somme-Sarte, Village du Perche, à la source de la Sarte. *Ad Summum Sartam.*

Somme-Suipe, Village de Champagne, à la source de la Suipe, petite Riviére, qui tombe dans l'Aîne. *Ad Summum Suppiam.*

Somme-Tourbe, Village de Champagne, à la source de la Tourbe, petite Riviére qui tombe dans l'Aîne. *Ad Summum Turbam.*

Somme-Vêle, Village de Champagne, à la source de la Vêle. *Ad Summum Vidulam.*

La Sône, Riviére de France, qui se décharge dans le Rhône.

Rhône. *Arar*, ou *Araris*, ou *Saucona.*

Sophie, Ville de la Turquie Européane, Capitale de la Bulgarie. *Sardica Vlpia nova.*

Sorèse, Ville de Languedoc, dans le Lauraguais. *Soricinium*, ou *Suricinium.*

La Sorgue, petite Riviére de France, en Provence, qui entre dans le Rhône, au dessus & dans Avignon. *Sulgas*, *Sulga*, ou *Vindalicus.*

Soria, Ville d'Espagne, dans la vieille Castille, sur le Douro. *Numantia nova.*

Les Sorlingues, petites Isles Britanniques entre les deux grandes. *Silinæ.*

Sorrento, Ville d'Italie, dans la Terre de Labour. *Surrentum.*

Sos, petite Ville ou Bourg de Gascogne, dans le Condomois méridional. *Sotia*, ou *Sotium.*

La Souine, embouchure du milieu de l'Oder, Fleuve d'Allemagne, qui tombe dans la Mer Baltique. *Suevus.*

La Soule, canton de Languedoc, dans le Basque. *Tarbelli Sibillates.*

Soulosse, Village de Lorraine, dans la Leuquois, sur la Verre, proche de son embouchure dans la Meuse. *Solimariaca nova in Leucis.*

Le Soulossois, Paiis de Lorraine, entre le Saintois, le Paiis de Mircourt, le Portois méridional, le Bassigni, l'Ornais, le Paiis des Vaux, & le Toulois. *Leuci Solecenses.*

Le Sour. Voiez, le Saur.

La Sourie, Province de la Turquie Asiatique, au fond de la Méditerranée. *Syria.*

Souse, Ville maritime d'Afrique, dans la Barbarie. *Ruspina.*

Le Sousoughirli, petite Riviére de la Natolie propre, qui prend son nom d'un Village où elle passe. Elle tombe dans l'Hellespont. *Granicus.*

Soutampton, Ville d'Angleterre, dans l'Ouessex. *Trisantonis portus Belgarum transductorum.*

Spa, ou les eaux de Spa, en Allemagne, dans les Paiis-Bas. *Aquæ Luvienses Tungrorum.*

Spalatro, Ville maritime de la Turquie Européane, dans la Dalmatie. *Salona nova.*

Spello, Bourg d'Ombrie, à une lieue de Foligno. *Colonia Julia Hispelli.*

Spène, petit Village d'Angleterre, dans la Mercie. *Spina Atrebatum transductorum.*

Le Paiis de Spire. *Nemetes.*

Spire, Ville d'Allemagne. *Augusta Nemetum.*

Spire, Ville de la haute Allemagne, dans le Palatinat, sur le Rhein. *Neomagus Nemetum.*

Spolete, Ville d'Italie, dans l'Ombrie. *Spoletium Vmbrorum.*

Sponville, Village de Lorraine, dans la Voivre. *Cipponi Villa.*

Squillace, Ville & Cap d'Italie, dans la Calabre méridionale. *Scyletium*, ou *Scylacium Bruttiorum.*

Stainville, Village de Lorraine, dans le Barrois, proche de la Saux. *Septem Villæ.*

Stalimene, Isle d'Europe, dans la Mer Egée, autour de la Romanie, proche Samandraki. *Lemnos.*

Stampalia, Isle de l'Archipel, dans la Méditerranée, à treize ou quatorze lieues de Nansio. *Astipalea.*

Stein, Ville d'Allemagne, en Suisse, dans le Canton de Zuric. *Gannodurum.*

Stenai, Ville de Lorraine, sur la Meuse, au Diocèse de Trèves. *Satanacum.*

Sterzingen, Ville ou Village d'Allemagne, aux Etats d'Autriche, dans le Tirol. *Vepitenum* ou *Vipitenum Rhætorum.*

Stétin, Ville d'Allemagne, Capitale de Poméranie. *Suscidata.*

Stilo, Ville d'Italie, dans la Calabre, sur le Golfe de Squillace. *Cocintia Bruttiorum.*

Stingo. *Voiez*, Lango.

Stocolm, Ville Capitale de l'Uplande & de toute la Suède. *Holmia.*

Stralsund, Ville d'Allemagne, dans la Poméranie occidentale. *Bunitium Eudosiorum.*

Stramartis, Ville de la Turquie Européane, dans la Bulgarie. *Castra Martis.*

Strasbourg, Ville de France, Capitale d'Alsace, sur l'Ill. *Argentoratus, Argentoratum, Argentina, Argentora.*

Straubingen, Ville d'Allemagne, dans le cercle de Baviére, à la droite du Danube, à huit lieues au dessous de Ratisbonne. Elle est la Capitale d'un petit Paiis auquel elle donne son nom. *Serviodurum Vindelicorum.*

Strigonie. *Voiez*, Gran.

Strumita, Ville de la Turquie Asiatique, vers la côte occidentale de la Natolie. *Myra.*

La Suède, une des grandes parties septentrionales d'Europe. *Scandinavia orientalis.*

Suès, Paiis d'Afrique, en Egypte, dans le Bécria. *Arsinoica.*

La Suisse, Province d'Allemagne. *Helvetia.*

La Suisse orientale. *Helvetii Retici.*

La Suisse occidentale. *Helvetii Sequanici.*

Le Suntgau, Paiis au Midi de l'Alsace méridionale. *Rauraci Sugintenses*, ou *Alsatia Sugintensis.*

Supino, Ville d'Italie, dans l'Abrusse, proche l'Apennin. *Sapinum Samnitum.*

Sur, Ville maritime de la Turquie Asiatique, dans la Sourie. *Tyrus*, ou *Sarra.*

Surate, Ville d'Asie, dans l'Inde occidentale, en la Province de Gusurate. *Sirastra.*

Suse, Ville d'Italie, dans le Piémont, Capitale du Duché de même nom, sur la Doire Susine. *Segusio*, ou *Scingomagus.*

Le Sussex, Province d'Angleterre. *Regni.*

Sustra ou Tuster, Ville d'Asie, en Perse, Capitale du Cusistan. *Susa.*

Szérem. *Voiez*, Sirmic.

# T.

LE TA, Riviére de la Chine méridionale. *Aspithra.*

Le Tacina, petite Riviére d'Italie, dans la Calabre, qui se perd dans le Golfe de Squillace. *Targines.*

Tacseb. *Voiez*, Dhafar.

Le Taf, petite Riviére d'Angleterre. *Ratostathybium.*

Le Tage, Fleuve d'Espagne qui tombe dans l'Océan, en Portugal, au dessous de Lisbonne. *Tagus.*

Le Tai, autrement la Tuve, ou la Touède, Riviére d'Ecosse. *Taiis*, ou *Tavus.* Elle tombe dans la Mer à Barvic.

Le Tairain, petite Riviére de l'Isle de France, en Beauvaisis, qui coule dans l'Oise. *Tara.*

Tallard, petite Ville de France, dans le Dauphiné, entre Gap & Sisteron. *Alarantes.*

Le Tamar ou le Tamer, petite Riviére d'Angleterre, dans l'Ouessex, qui se décharge à Plimout. *Tamarus.*

Tamerton, Ville d'Angleterre, dans l'Ouessex, sur le Tamar. *Tamare Dumnoniorum.*

La Tamise, Riviére d'Angleterre, dans l'Essex. *Tamesis.*

Le Tancul, ruisseau de l'Isle de France, qui vient d'audessus de Rais, coule entre Fourqueux & Saint-Leger, & tombe dans la Seine au dessus du Pec. *Tanculus.*

Tanédo, Village d'Italie, dans le Modénois. *Tanetum.*

Tanger, Ville maritime d'Afrique, en Barbarie, dans le Roiiaume de Fès. *Tingis*, ou *Colonia Julia traducta.*

Tangut, Roiiaume d'Asie, dans la grande Tartarie. *Thaguria*, ou *Issedonia Serica.*

Taormina, Ville maritime de Sicile, sur la côte orientale, dans le Val de Démona. *Tauromenium*, ou *Naxos Sicula.*

Taoulas, Ville d'Asie, en la grande Tartarie, dans le Paiis des Calmoucs. *Tulga.*

Le Tar ou le Tarn, Riviére de France en Languedoc, qui tombe dans la Garonne. *Tarnis.*

Tarabosan. *Voiez*, Trébisonde.

La Tarantaise, Paiis d'Italie, dans la Savoie. *Centrones Graii*, ou *Alpes Graiæ.*

Tarascon, Ville de France, dans la Provence. *Tarasco Desuviatum.*

Tarasone, Ville d'Espagne, dans l'Arragon. *Turiaso.*

Tarbe, Ville de France, dans la Gascogne, Capitale de la Bigore, sur l'Adour. *Castrum Bigerronum*, ou *Turba Bigerrorum.*

Tarente, Ville d'Italie, dans la Terre d'Otrante, à l'embouchure d'un ruisseau nommé Taras, qui lui a donné son nom. *Tarentum.*

Tariffa, petite Ville d'Espagne, sur le détroit. *Belon.*

Tarragone, Ville d'Espagne, dans la Catalogne. *Tarraco.*

La Tartarie. *Tataria.*

La grande Tartarie. *Tataria Almachica.*

La grande Tartarie orientale. *Tataria Serica*, ou *Seres Borei.*

La petite Tartarie. *Tataria Taurica*, ou *Mæotica.*

Tasofftat, Ville de la grande Tartarie, dans l'Obdorie ou Lugomorie. *Mangascia.*

Tatta, Roiiaume d'Asie, dans l'Inde occidentale. *Sindæ Regnum.*

Tavasthus, Ville de Suède, dans les Etats de Finlande, Capitale de la Tavastie. *Groneburgum.*

Tavetsch, Village d'Allemagne, aux Etats Suisses, dans le Paiis des Grisons, proche la source septentrionale du Rhein. *Taxgætium Rhætorum.*

Tavi, Château de Sicile. *Tabas.*

Tavilla, ou Tavira, Ville d'Espagne, en Portugal, dans les Algarves. *Balsa.*

La Taumasse. *Voiez*, le Sihun.

Le Taureau. *Voiez*, Il Toro.

Tchangli, Village de la Natolie occidentale, entre Scala Nova & Samos, au Nord de la Montagne de Samson. *Panionium.*

Tchelminar, ruines d'une ancienne Ville de Perse, à une journée de Shiras. *Persepolis. Voiez*, Chilminar.

Le Tec, petite Riviére de France, dans le Roussillon, qui se jette dans la Méditerranée proche Elne. *Tecis*, *Anystus*, ou *Sambuca.*

Téclenbourg, Ville d'Allemagne, en Westphalie, entre l'Ems & le Véser. *Tecelia Tubantum.*

Téflis, Capitale de la Géorgie, sur le Cur, presque à égale distance de la Mer Noire & de la Mer Caspienne. *Acropolis Iberica.*

Le Teil, Village de Normandie. *Merogea.*

Teintru, Village de Lorraine, au paiis des Leuquois, dans le Val de Saint-Dié. *Rivus coloratus.*

Télengelcui, Village de la Natolie occidentale, sur le Canal de la Mer Noire. *Chrysoceramus.*

Télèse, Ville d'Italie, dans le Principat, au confluent du Voltorno & du Savato. *Telesia Samnitum.*

Témeswar, Ville de la Turquie Européane, dans la Hongrie. *Temesia.*

Tendaro, ruines d'une ancienne Ville de Sicile. *Tyndaris.*

Tendos, Village à l'entrée du Paiis de Caux, sur la Tenne, entre Fontaine-le-Bourg & Monville. *Tennæ dorsum.*

Ténédo, Isle de l'Archipel de la Méditerranée, de six lieues de tour, à quatre bonnes lieues du Cap Janissaire, sur les côtes de la Natolie occidentale, & à vingt lieues de Mételin. *Tenedos*, ou *Leucophris.*

Ténérife, une des Isles Canaries, dans l'Océan, vers les côtes occidentales d'Afrique. *Nivaria.*

Ténet, petite Isle Britannique autour de l'Angleterre, vers les côtes du Sussex, proche Cantorbéri. *Tanatis*, ou *Tanetos.*

Ténez, Ville d'Afrique, en Barbarie, dans le Roiiaume d'Alger. *Julia Cæsarea.*

Ténézoné, Village d'Allemagne, aux Etats Suisses, dans le Paiis des Grisons, entre les sources du Rhein & de l'Inn. *Tinnetio Rhætorum.*

La Tenne, petite Riviére du Paiis de Caux, qui prend les noms de Cailli, de Bapaume, & de Maromme, où elle passe. *Tenna.*

Le Ter, petite Riviére d'Espagne, en Catalogne, qui entre dans la Méditerranée. *Betullo*, *Batulo*, ou *Betulo.*

Térano, Ville d'Italie, dans l'Abrusse. *Interamna Prætutianorum.*

Tercere, Isle principale des Asores, en Europe, dans l'Océan, vis-à-vis l'Espagne. *Tertiaria.*

Tergovis, Ville de la Turquie Européane, Capitale de Moldavie. *Taros*, ou *Tiriscum.*

Termend, Ville de la grande Tartarie, dans le Paiis des Jousbecs. *Bactra.*

Termie, Isle de l'Archipel de la Méditerranée, à quatre lieues de Zia, & à dix de Sira. *Cythnus.*

Termini, Ville de Sicile, dans le Val de Démona. *Himera nova*, ou *Therma Himerenses.*

Terracine, Ville d'Italie, dans la Campagnede Rome. *Anxur*, autrement *Trachina*, ou *Tarracina.*

Terrassa, ou Terrazzo, petite Ville d'Espagne, dans la Catalogne, à quelques lieues de Barcelone. *Egara Laletanorum.*

La Terre de Labour, Province de l'Italie méridionale, sur la Mer de Toscane. *Laboria.*

La Terre d'Otrante, Province de l'Italie méridionale, sur la Mer Ionienne. *Messapia.*

Le Territoire de Courtrai, petit Paiis d'Allemagne, dans les Paiis-Bas. *Gorduni.*

Le Territoire de Jassi, petit Paiis de la Turquie Européane, dans la Valaquie. *Jassii.*

Le Territoire de Langres, petit Paiis de France, à l'extrémité de la Champagne & du Duché de Bourgogne, formé par une partie de ces deux Provinces. *Lingones.*

Térudent, Ville d'Afrique, en Barbarie, dans le Roiiaume de Maroc. *Autolala.*

Tervel, Ville d'Espagne, dans l'Aragon. *Terulum Turdetanorum.*

Le Tessin, Riviere d'Italie, qui se décharge dans le Pô au dessous de Pavie. *Ticinus.*

Le Tet, petite Riviére de France, dans le Roussillon, qui entre dans la Méditerranée au dessus de Perpignan. *Telis*, ou *Ruscino*, ou *Vernodubrium.*

Le Tévéroné, petite Riviére d'Italie, entre la Sabine & la Campagne de Rome, qui se mêle au Tibre. *Anio.*

Thaso, Isle de la Turquie Européane, dans la Méditerranée, vis-à-vis les côtes frontiéres de la Macédoine & de la Romanie. *Thassos.*

The-Lands-End, Cap d'Angleterre, dans l'Oueslex, à l'extrémité du Paiis de Cornouail. *Promontorium Antivestæum*, ou *Bolerium*.

Thetford, Ville d'Angleterre, dans l'East-Anglie, au Comté de Norfolc. *Sitomagus Icenorum*.

Le Theursan, Paiis de France, dans la Gascogne. *Tarusates*.

La Thiérache, Canton de la Picardie orientale. *Theorascia*, ou *Suessiones Theorasci*.

Thiné, Ville de la basse Egypte, sur l'embouchure la plus orientale du Nil. *Pelusium*.

Thionville, Ville de France, en Champagne, sur la Moselle, au dessous de Metz. *Theodonis villa*.

Thirésia, petite Isle ou Rocher, dans l'Archipel de la Méditerranée, aux environs de Santorin. *Hiera*, ou *Automate*.

Tholei, Abbaiie de la Prévôté de Shombourg, dans le Sargau, en Lorraine. *Theologia*.

Thuin, Ville de Lomme, au Paiis de Liége, sur la rive gauche de la Sambre. *Tudinium*, ou *Tuinum*.

Thula. *Voiez*, Calcahan.

Tiano, Ville d'Italie, dans la Campagne de Rome, vers la source du Saoné. *Teanum Sidicinum*.

Le Tibre, Riviére d'Italie, qui s'embouche dans la Méditerranée, entre la Toscane & la Campagne de Rome. *Tiberis*, ou *Albula*.

Tiermès, ou Notre-Dame de Tiermès, Village d'Espagne, dans la Castille, sur le Douro. *Termes vetus Arevacorum*.

Tiessen. *Voiez*, Diésen.

Tiévre, Village de Picardie, à l'Ouest d'Amiens. *Teucera Ambianorum*.

Le Tiliamento, petite Riviére d'Italie, en l'Etat de Venise, dans le Frioul. *Tilaventum*.

Le Timerais, Canton du Perche. *Pertica Theodemerensis*, ou *Cenomani Theodemerenses*.

Tinchebrai, Village de Normandie, sur les frontiéres du Maine. *Tenerchebraium*.

Le Tine, Isle de l'Archipel de la Méditerranée, de vingt lieues de tour, à une petite demie lieue d'Andro. *Tenus*, *Tenos*, *Ophiussa*, *Hydrussa*.

Tinmout, petite Ville d'Angleterre, sur les côtes du Northumberland. *Tinnocellum Brigantum*.

Le Tinto, petite Riviére d'Espagne, entre la Guadiana & le Guadalquivir. *Urius*.

La Tiretaine, petite Riviére de France, dans l'Auvergne, qui coule dans l'Allier. *Trundo*.

Tiritiri, Ville d'Asie, dans la Perse. *Eulæus*.

Le Tirol, Paiis d'Allemagne, aux Etats d'Autriche. *Rhæti*.

Tiva, Ville de la Turquie Européane, dans la Livadie. *Thebæ Bœotiæ*.

Tobols, Ville de la grande Tartarie, aux Tartares de Tumen. *Tobolium*.

Tocat, Ville de la Natolie. *Eudoxiane*, ou *Eudoxia*, sur le Tosanlu.

Todi, Ville d'Italie, dans l'Ombrie, entre Pérouse & Amélia. *Tuder Umbrorum.*

Tolède, Ville d'Espagne, dans la nouvelle Castille, sur le Tage. *Toletum.*

Toléméta, Ville maritime d'Afrique, en Barbarie, dans le Roiiaume de Tripoli. *Ptolemais Barcæorum.*

Tombelaine, Village de Lorraine, dans le Chaumontois, peu loin de la Meurte. *Tumulus Alanorum.*

Tombelaine, Rocher en Normandie, sur la côte de l'Avranchin, près du Mont Saint-Michel. *Tumbella Abrincatum.*

Tonerre, petite Ville de France, au Duché de Bourgogne, dans l'Auxerois. *Tornodorus.*

Tongres, Ville d'Allemagne, aux Paiis-Bas, dans le Paiis de Liége. *Atuatuca Eburorum*, ou *Tungrorum.*

Tonnoi, Village de Lorraine, dans le Chaumontois, sur la Mofelle. *Tonnagium.*

Topoglia, Ville ou Village de la Turquie Européane, dans la Livadie, proche le Lac de Livadie, ou de Topoglia. *Copa.*

Tor Roffello, Village de France, dans le Rouffillon, proche Perpignan. *Rufcino vetus.*

Torbia, Ville d'Italie, dans le Piémont ou dans l'Etat de Gènes. *Tropæa Augufti.*

Torcefter, Ville d'Angleterre, dans la Mercie. *Tripontium Coritanorum.*

Torigni, nom de plufieurs Villages & de plufieurs Terres en France. *Tauriniacum.*

Il Toro ou le Taureau, petite Isle d'Europe, dans la Méditerranée, vers la pointe méridionale de la Sardaigne. *Boaris.*

Torp, nom de plufieurs Villages ou Seigneuries de Normandie. *Villa*, ou *Vicus.*

Torré d'Anazzo, reftes d'une ancienne Ville d'Italie, dans le Bafilicat ou dans la Terre de Bari, ou d'Otrante. *Egnatia*, ou *Gnatia.*

Torré di maré, place d'une ancienne Ville d'Italie, dans le Bafilicat, fur le Golfe de Tarente. *Metapontum.*

Torré Molinos, au Roiiaume de Grenade, à deux lieues de Malgue. *Suel.*

Torrès, Ville maritime d'Efpagne, en Grenade, fur Fiu Frio. *Mœnoba.*

Tortone, Ville d'Italie, dans le Milanès. *Dertona*, ou *Julia Augufta Ligurum.*

Tortofe, Ville d'Efpagne, en Catalogne, fur l'Ebro. *Dertofa Ilergaonum.*

Tortofe, Ville de la Turquie Afiatique, dans la Sourie. *Antaradus.*

Le Tofanlu, Riviére de la Natolie, qui paffe à Néocéfarée & à Tocat, & tombe dans le Cafalmac, vers Amafie avec le Couleifar-fou ou la Riviére de Chonac. *Lupus.*

La Tofcane, Province du milieu de l'Italie, sur la Méditerranée. *Etruria.*

Tofcanella, Ville d'Italie,

dans la Toscane, sur la Marta. *Tuscana.*

Touars, Ville du Poitou, sur le Touet. *Thoarci*, ou *Thoarchi.*

La Toui, petite Riviére du Païs de Galles, en Angleterre. *Tobium.*

Toul, Ville de France, en Lorraine, sur la Moselle. *Tullum Leucorum.*

Le Toulois, canton du Païs Leuquois, en Lorraine, au tour de Toul, entre le Portois, le Saintois, le Soulossois, le Païs des Vaux, la Voide, le Païs de Carme, & le Scarponois. *Pagus Tullensis*, ou *Leuci Tullenses.*

Toulon, Ville de France, sur la Méditerranée, dans la Provence. *Telo Martius.*

Le Toulousan, ou le territoire de Toulouse, Païs de France, dans le Languedoc. *Tolosates.*

Toulouse, Ville de France, Capitale du Languedoc, sur la Garonne. *Tolosa Palladia Tectosagum.*

Tour sur Marne, Village de Champagne, entre Epernai & Châlons. *Tornus ad Matronam.*

La Touraine, Province occidentale de la France. *Turones.*

Tournai, Ville de la basse Allemagne, sur l'Escaut. *Turnacum.*

Tournam, Bourg de la Brie Françoise. *Torni Villa.*

Tournebu, Village de Normandie. *Torni Vicus.*

Tournedos, Village du Vexin, Normand, sur la Seine. *Torni dorsum*, ou *Tornimontium.*

Tournetot, Village de Normandie. *Torni tofta.*

Tournon, Ville de France, en Languedoc, dans le Vivarais sur le Rhône. *Thuredunum*, vel *Tornomagus Helviorum.*

Tournus, petite Ville de Bourgogne, dans le Mâconois, sur la Sône. *Tenurcium.*

Tours, Ville de France, Capitale de Touraine, sur la Loire. *Cæsarodunum novum Turonum.*

Tourves, Bourg de Provence, au Sud-Est de Saint Maximin. *Ad Turrem.*

Tourville, Village de Normandie, dans le Cotentin. *Torni Villa.*

Tragonora, Ville ou Village d'Italie, dans le Basilicat ou dans le Capitanat. *Gerion*, ou *Gerunium.*

Trainel, Bourg & Marquisat de France, dans la Champagne, Diocèse & Election de Sens. *Triangulus.*

Tramontemmi, Village du Saintois, en Lorraine. *Merorea.*

Tramontlassus, Village du Saintois, en Lorraine. *Hyperorea.*

Trancaut, Village de Champagne, dans le Diocèse de Troies, sur la Sorme, au confluent de Lorvik. *Tranculsi Hospitium.*

Trani, Ville d'Italie, dans la Terre de Bari. *Trajanum.*

Tranqueville, Village de Lorraine, dans le Soulossois. *Tranculfi Villa.*

La Transilvanie, Province septentrionale de la Turquie Européane. *Erdelia*, ou *Septemcastrensis regio.*

Trapano, Ville maritime de Sicile, dans le Val de Mazara. *Drepanum*, ou *Drepana. plur.*

Trasmur, Ville d'Allemagne, en Autriche, proche le Danube. *Trigisamum Noricorum.*

Trau, Ville maritime de la Turquie Européane, dans la Dalmatie. *Tragurium.*

Trébigni, Château de la Turquie Européane, dans la Dalmatie. *Tribulium*, ou *Triburium Dalmatarum.*

Trébisonde, ou Tarabosan, Ville de la Turquie Asiatique, en la Natolie, dans l'Amasie. *Trapezûs Drillorum.*

Tréguier, Ville de France, en Bretagne, sur la côte septentrionale. *Lexobia nova Osismiorum.*

Trente, Ville d'Allemagne, aux Etats d'Autriche, Capitale du Trentin. *Tridentum.*

Le Trentin, Paiis d'Allemagne, aux Etats d'Autriche, dans le Tirol. *Tridentini.*

Le Tréport, Village du Paiis de Caux, proche d'Eu, sur la Mer. *Vlterior portus Caletum,*

La Trève, Riviére d'Allemagne, qui passe à Lubec & se jette dans la Mer Baltique. *Chalusus.*

Trèves, Ville de haute Allemagne, Capitale de l'Electorat de son nom, sur la Moselle. *Augusta Treverorum*, ou *Trevirorum.*

Trévi, Ville d'Italie, dans l'Ombrie, entre Spolète & Fuligno. *Trebia Vmbrorum.*

Trévi, Ville d'Italie, dans la Campagne de Rome, proche les sources du Téveroné. *Treba Æquorum.*

Trévico, petite Ville d'Italie, dans le Principat. *Trivicum Hirpinorum.*

Trévise, Ville d'Italie, dans l'Etat de Venise, Capitale de la Marche Trévisane. *Tarvisium Venetorum.*

Trévoux, Ville de Bresse, Capitale de Dombes. *Tivurtium*, ou *Triviolum Dombarum.*

Trez, Village de Provence, entre Aix & Marseille. *Troezen*, ou *Treca Salyum.*

Triadise, ruines d'une ancienne Ville de la Turquie Européane, dans la Bulgarie. *Sardica Vlpia vetus.*

Le Tricastin, petit Paiis de France, dans le Dauphiné, autour de Saint Paul, partie du Valentinois. *Tricastini.*

Trieste, Ville & Port d'Allemagne, aux Etats d'Autriche, dans la Carniole méridionale, sur le Golfe de son nom, au fond du Golfe de Venise. *Tergeste.*

Le Trigno, petite Riviére d'Italie, dans le Comté de Molisse. *Trinium.*

Trin, Ville d'Italie, dans le Mont-Ferrat, proche Casal. *Rigomagus Ligurum.*

Tripoli, Ville d'Afrique, sur la Méditerranée, dans la

Barbarie, Capitale du Roiiaume de son nom. *Tripolis*, ou *Neapolis Oea*.

Trivento, Ville d'Italie, dans le Comté de Molisse, sur le Trigno. *Treventium*, ou *Treventum Samnitum*.

Le Triunti, petite Riviére d'Italie, dans la Calabre. *Traeis, entis*.

Troar, Abbaiie de Normandie, sur la Dive, dans la Campagne de Caen. *Doroernia*.

Tròccoli, Ville ou Village de Sicile. *Triocalum*.

Trognon, Village de Lorraine, dans la Voivre. *Trunio*.

Troia, Village d'Italie, dans le Capitanat. *Æca*.

Troies, Ville de France, Capitale de Champagne, sur la Seine. *Augustobôna*, ou *Augustobona Tricassium*.

Tronde, Village de Lorraine, au Paiis de Carme. *Trandola*.

Le Tronto petite Riviére d'Italie, qui tombe dans le Golfe de Venise, entre la Marche d'Ancône& l'Abrusse. *Truentus*.

Trou de Taille, Château de Lorraine, au Paiis de Havend, proche la source de la Moselle. *Pertusa rupes*.

Troucei, Village de Lorraine, au Paiis de Blois, sur la Meuse. *Troceium*.

Tubingen, Ville d'Allemagne, sur le Necre, dans le Duché de Virtemberg. *Augusta*.

Tudder, Village d'Allemagne, dans les Paiis-Bas, vers la Meuse. *Theudurum Gugernorum*.

Le Tuerto, petite Riviére d'Espagne, dans le Roiiaume de Léon. *Tera*.

Tulle, Ville de France, dans le Limosin. *Tutela Lemovicum*.

Tunis, Roiiaume d'Afrique, en Barbarie, sur la Méditerranée. *Bizacene*.

Tunis, Ville d'Afrique, en Barbarie, Capitale du Roiiaume de son nom, sur la Méditerranée. *Thinissa*.

Le Tunquin, Paiis d'Asie, dans l'Inde orientale. *Daona* : autrement *Aunana*, ou *Annamitica borêa*.

Le Tupino, petite Riviére dItalie, dans l'Ombrie. *Tinia*.

Le Tur, petite Riviére de Suisse, dans la Turgovie, qui se décharge dans le Rhein, au dessous du Lac de Constance. *Tura*.

Turgovie, Province de Suisse, le long du Lac de Constance. *Turenses*.

Turenne, en Limosin. *Torinna*.

Turin, Ville d'Italie, Capitale du Piémont, sur le Po. *Augusta Taurinorum*, ou *Taurasia*.

Turinge, Paiis d'Allemagne. *Devringi transducti*.

Turis, petite Ville d'Espagne, peu loin de Rio de Carlette. *Tyris*.

Turquestain, Village d'Asace, dans le Sargau. *Turcarum Petra*.

Le Turquestan, Paiis de la grande Tartarie. *Saca*.

Le Tursan, Paiis de la Chalosse, en Gascogne. *Taursanum*.

Tursum, Ville de la Turquie Asiatique, en la Natolie, dans l'Aladuli. *Tarsus*.

Tusci, ancien Palais ruiné en Lorraine, dans le Paiis de Vaux, à un quart de lieue de Vaucouleurs. *Tusiacum.*

Tussi, Village de Lorraine, dans le Paiis Messin. *Tussiacum.*

Tuster. *Voiez*, Sustra.

La Tuve. *Voiez*, le Tai.

Le Tuvent ou Touent, Paiis de l'Overissel, dans la basse Allemagne septentrionale. *Tubantes.*

## V. U.

VABRES, Ville de France, en Guiène, dans le Rouergue. *Vabra.*

La Vacca, petite Isle d'Europe, dans la Méditerranée, proche la pointe méridionale de la Sardaigne. *Bovenna.*

Vacogne, Village de Normandie, du côté de Caen. *Vasconia.*

Vâcon, Village de Lorraine, dans la Voide, proche du Void. *Vedulum.*

Vagec ou Ouagec, Ville d'Allemagne, dans la Souabe. *Viaca Estionum.*

Vageningen, Ville des Paiis-Bas, dans la Gueldre, aux confins de la Seigneurie d'Utrecht, sur la rive droite du Rhein, environ à deux lieues de Nimegue. *Vada.*

Vaghéra, Village d'Italie, dans l'Etat de Gènes. *Iria.*

Le Vahal ou le Vhal, Riviére d'Allemagne, dans les Paiis-Bas, formée par une branche du Rhein, qui tombe dans la Meuse. *Vahalis.*

Vailli, Village de Picardie. *Crenedion*, ou *Fonticulus.*

Vairinchanois, Village ou Terre de Lorraine, dans le Paiis de Carme. *Varini Quercetum.*

Vaison, Ville de France, en Provence. *Vasio nova Vocontiorum*, ou *Æria.*

Le Val de Gallie, canton de l'Isle de France, qui s'étend depuis Joienval & Monjoie jusqu'à Versailles, Montreuil & Saint-Cloud. *Vallis Gallia.*

Le Val de Spir, dans le Roussillon. *Vallis Asperia.*

Le Valais oriental, dans la Suisse méridionale. *Seduni.*

Le Valais occidental, dans la Suisse méridionale. *Veragri.*

Le Valais, Paiis de la Suisse méridionale. *Vallis Pennina.*

Valcomparé, petite Isle de la Turquie Européane, dans la Mer Jonième, à l'Ouest du Golfe de Lépante. *Ithaca.*

Valcour ou Valcop, en Lorraine, dans le Toulois, à une petite demie lieue de Toul. *Vidonis Curtis.*

La Valée d'Aspe, dans la Gascogne méridionale, au pié des Pyrenées. *Aspaluca.*

La Valée de Sault, dans la Provence septentrionale, où est la Ville de Sault. *Vallis Saltuensis.*

Valence, Ville d'Espagne, Capitale du Roiiaume de même nom. *Julia Valentia Edetanorum.*

Valence, Ville de France, dans le Dauphiné, sur le Rhône. *Valentia Segalaunorum.*

Valenciennes, Ville d'Allemagne, aux Paiis-Bas, dans le Hainaut, sur l'Escaut. *Valentiniana Nerviorum.*

Le Valentinois, canton du Dauphiné, le long du Rhône. *Segalauni*, *Segolauni*, ou *Segovellauni.*

Valenza, Ville ou Village d'Italie, dans le Milanès. *Forum Fulvii Valentinum.*

Valladolid, Ville d'Amérique. *Voiez*, Comaiagua.

Valladolid, Ville d'Espagne, dans la Castille, sur la Pisuerga. *Pintia*, ou *Vallisoletum.*

Valognes, Ville du Cotentin, sur le Merderet. *Valonia Unellorum.*

Le Valois, canton de l'Isle de France. *Pagus Vadensis*, ou *Suessiones Vadenses.*

Valona, Ville maritime de la Turquie Européane, dans l'Albanie, sur un Golfe de même nom. *Aulon.*

Van ou Erivan, Ville de la Turquie Asiatique, en la grande Arménie, dans le Curdistan. *Artemita*, ou *Ibanum.*

Vangen, Ville ou Village d'Allemagne, dans la Souabe. *Vemania Estionum.*

Vannes, Ville de France, dans la Bretagne, sur la côte méridionale. *Dariorigum Venetorum.*

Vanves, Village de l'Isle de France, proche Paris. *Vanna*, ou *Benna Parisiorum.*

Vanze, Ville d'Italie, dans le Basilicat, ou dans la Terre d'Otrante. *Bantia.*

Le Paiis de Varasch, dans la Bourgogne orientale, au Baillage d'Aval. *Sequani Varasci.*

Varadin, Ville de la Turquie Européane, dans la Transilvanie. *Ulpianum.*

Varangeville, Prieuré de Lorraine, dans le Leuquois, sur la Meurte, vis-à-vis de Saint Nicolas. *Varangesi villa.*

La Varca, petite Riviére d'Italie, dans la Campagne de Rome. *Cremera.*

Varhel, Ville de la Turquie Européane, dans la Transilvanie. *Zarmigethusa*, autrement *Ulpia Trajana*, ou *Trajanopolis.*

Le Varmo, petite Riviére d'Italie, qui se mêle au Tiliamento, dans le Frioul, Province de l'Etat de Venise. *Varramus.*

Varna, Ville de la Turquie Européane dans la Bulgarie, proche les côtes de la Mer Noire. *Dionysopolis Avarum.*

Varna, autre Ville de la Turquie Européane, dans la Bulgarie, sur la Mer Noire. *Odessus Milesiorum.*

Varvic, ou Ouarvic, ou Barvic, Ville d'Angleterre, dans la Mercie. *Præsidium Cornaviorum.*

Vasilica, Ville de la Turquie Européane, en Morée, dans le Duché de Clarence. *Sicyon.*

Le Vasilipotamo, petite Riviére de la Turquie Européane, dans la Morée. *Eurotas.*

Vasserbillic, Village d'Allemagne, dans les Paiis-Bas sur le Sour à son embouchure dans la Moselle. *Aquabellicum.*

Vassi, petite Ville de Champagne, dans le Valage, sur la Blaise. *Vassiacus.*

Vatan, Bourg de Berri. *Vastinnum.*

Vaterbourg, Ville ou Village de la basse Allemagne. *Quadriburgium Batavorum.*

La Vâtine, nom de Terre en France. *Vastinna*, ou *Vastinium.*

Vaucelle, fauxbourg de Caen. *Valliculus.*

Vaucouleurs, petite Ville de Lorraine, dans le Paiis des Vaux, sur la Meuse. *Vallis Colubraria.*

Le Vaucouleurs, petit ruisseau de l'Isle de France, dans le Mantois, où il passe à Mante la Ville & à Mante le Château, & tombe dans la Seine. *Vadum Colubrarium.*

Vaucresson, Village de France, à deux lieues & demie de Paris. *Vallis Nasturcii.*

Le Paiis de Vaud, dans la Suisse, sur le Lac de Genève. *Helvetii Urbigeni*, ou *Valdenses.*

Vaudémont, Comté de Lorraine. *Voiez*, le Saintois.

Vaudémont, Ville de Lorraine, dans le Comté de même nom. *Vadani mons.*

Vaudignecourt, Village de Lorraine, dans l'Ornais. *Baldinei Curtis.*

Le Vaudreuil, Village de l'Evrevin, sur l'Eure. *Vadum Rotoialense.*

La Vaur, Ville de Languedoc, dans le Lauraguais, sur l'Agout. *Vaurum Tectosagum.*

Vaux en Bloise, Village de Champagne, dans le Blésois, sur la Bloise. *Valles Blosienses.*

Vaux en Ornais, Village de Lorraine, sur l'Ornès. *Valles Odornenses.*

Udine, Ville d'Italie, à l'Etat de Venise, dans le Frioul. *Vedinum Carnorum.*

Vé ou Vés, Village de l'Isle de France, dans le Valois, vers la source de l'Autone, entre Crépi & Vilers Côterets. *Vadum.* Ce lieu a donné le nom au Valois.

Le grand Vé, passage de l'embouchure de la Vire. *Vadum Vera inferius.*

Le petit Vé, passage de la Vire, proche d'Isigni. *Vadum Vera superius.*

Le Vect, Riviére de la basse Allemagne, dans le Saland, qui tombe dans le Zuiderzée au dessous de Guelmuien. *Vider, dri.*

Vegne, Village de Touraine, sur l'Indre, entre Cormeri & Monbason. *Evena.*

Veisama, Village d'Espagne, en Biscaie, dans le Guipuscoa. *Segisama Cantabrorum.*

Veissembourg, Ville de la Turquie Européane, Capitale de la Transilvanie, sur le Mérisch. *Alba Julia*, ou *Apulum novum.*

Le Velai, Canton du Languedoc. *Vellavi.*

Le Vélas, Riviére de Guilan, en Perse, qui passe au Village de Boulgada, & tombe dans la Mer Caspienne au Sud du Courk.

Le Velau, Paiis de la basse

Allemagne, dans la Gueldre septentrionale, entre le Zuiderzée, l'Issel, le Rhein, & la Province d'Utrecht. *Menapii.*

La Vêle, petite Riviére de France, en Champagne, qui se jette dans l'Aîne. *Vidula.*

Vélès Malaga, endroit d'Espagne, à cinq ou six lieues de Malgue. *Manace Mastienorum.*

Le Vélico, petite Riviére de la grande Russie, qui se décharge dans le Golfe de Finlande devant Narva. *Turuntus.*

Vellétri, Ville d'Italie, dans la Campagne de Rome. *Velitra Volscorum.*

Vels, petite Ville d'Allemagne, dans l'Autriche, sur le Traun. *Ovilabis*, ou *Ovilia Noricorum.*

Vels, petite Ville d'Allemagne, dans l'Autriche, entre l'Ens & le Murau. *Viscelli*, ou *Viscellæ Noricorum.*

Le Comtat Venaicin, Canton de Provence, au confluent du Rhône & de la Durance. *Memini Vendascenses.*

Venasque, Ville de France, en Provence, dans le Comtat Venaicin, proche la Nesque. *Vadum Nascæ*, ou *Vendasca Meminorum.*

Vence, Ville de France, dans la Provence. *Vintium Nerusiorum.*

Vendieres, Village de Lorraine, dans le Scarponois, proche de la Moselle, entre Metz & Pont-à-Mousson. *Venaeria.*

Vendœuvre, petite Ville ou Bourg de Lorraine, dans le Chaumontois, entre la Moselle & la Meurte. *Vendopera Calvomontensis.*

Le Vendômois, Canton de l'Orléanois. *Carnutes Vindocinenses.*

Vendôme, Capitale du Vendômois, sur le Loir. *Vindocinum Carnutum.*

Vendres, Ville maritime de France, sur la Méditerranée, dans le Roussillon. *Portus Veneris.*

Vénézuéla, Paiis de l'Amérique méridionale, dans la Terre Ferme. *Venetiola*, ou *Venetula.*

Venise, Ville maritime d'Italie, sur le Golfe de Venise, Capitale de l'Etat de même nom. *Venetiæ.*

Vénosa, Ville d'Italie, dans le Basilicat, ou dans le Capitanat. *Venusia Apula.*

Véra, petite Ville d'Espagne, dans l'Aragon. *Baria.*

La Véra Paz, Paiis de l'Amérique septentrionale, dans le Méxique méridional. *Tuzulutlania.*

Verceil, Ville d'Italie, dans le Piémont, sur la Sessia, Capitale de la Seigneurie de son nom. *Vercellæ Libycorum.*

Le Verdac, Riviére d'Allemagne, en Souabe, qui joint le Lek au dessous d'Ausbourg. *Vindo.*

Verdun, Ville de France, en Lorraine, sur la Meuse. *Virodunum.*

Le Verdunois, ou le Territoire de Verdun. *Viroduni.*

Le Vère, petite Riviére d'Angleterre, qui passe à Durham, dans le Northumberland. *Vedra.*

Véret, Village de Touraine, sur le Cher, au dessus de Tours. *Vervactum Turonum.*

Vérigni, nom de Village ou de Terre en France. *Veriniacum.*

Vermand, Abbaiie du Vermandois, proche de Saint Quentin, sur le Daumignon. *Augusta Veromanduorum.*

Le Vermandois, Paiis de France, situé en partie dans la Picardie, & en partie dans l'Isle de France. *Veromandui.*

Vermandovillers, ou Vermandouille, Village de Picardie, dans le Vermandois, proche de Chaunes. *Veromanduorum villare.*

Vermeo, Ville ou Village d'Espagne, dans la Biscaie. *Flaviobriga Autrigonum.*

Le Vermois, petit Canton du Chaumontois, en Lorraine, entre la Moselle & la Meurte. *Leuci Vermenses.*

Verneuil, nom de quelques Villes, Villages, & Terres de France. *Alnetum*, *Vernetum*, ou *Vernolium.*

Vernouillet, Village de Normandie. *Alnetulum*, ou *Vernetulum.*

Versiglia, petite Riviére d'Italie, dans la Toscane. *Vesidia.*

Vertuse, Village de Lorraine, dans la Voide, peu loin de la Meuse. *Pertusum Mosæ.*

Vervic, Bourg de Flandre, sur la Lis. *Viroviacum.*

Vervins, petite Ville de France, en Picardie. *Verbinum Veromanduorum.*

Verulam, Village d'Angleterre, dans la Mercie, proche Saint Albans. *Verulamium*, ou *Cassivellaunum Catyeuchlanorum.*

Véruli, Village d'Italie, dans la Campagne de Rome. *Verulæ Hernicorum.*

Les Vés, petit Golfe de la Mer, entre le Cotentin & le Bessin, à l'embouchure de la Vire. *Vada Vera.*

Le Véser, Riviére d'Allemagne, qui vient de Franconie, & joint l'Océan au haut de la Westphalie. *Visurgis.*

Vésoul, Ville de la Bourgogne orientale. *Vesolum*, ou *Vesullum Sequanorum.*

Les Vesternes. *Voiez*, les Isles Vesternes.

Vétéri, Ville d'Italie, dans la Marche d'Ancône, ou dans le Principat. *Marcina Picena.*

Veuilli, Village du Soissonois. *Crenedion*, ou *Fonticulus Suessionum.*

Le Véxin, Canton de France, qui comprend le Véxin Rouennois, le Véxin Normand, & le Véxin François. *Velocasses.*

Ugento, Ville ou Village maritime d'Italie, dans la Terre d'Otrante. *Uxentum Calabrorum.*

Ugni, Village de Lorraine, dans le Paiis des Vaux, sur la Meuse. *Uniacus.*

Viborg, Ville d'Allemagne, dans le Jutland septentrional. *Cimmersberga.*

Vic, Village de Normandie. *Vicus.*

Vic de Bigôre, petite Ville de Gascogne, sur le Leschès. *Vicus Bigerronum.*

Vic-Durfted, petite Ville de Hollande, sur le bord méridional du Rhein. *Batavodurus ad Rhenum*, ou *Dorestate.*

Vic Fésenxac, Ville ou Bourg de Gascogne, dans l'Armagnac, sur l'Osse. *Fidentia Ausciorum.*

Vicence, Ville d'Italie, dans l'Etat de Venise, Capitale du Vicentin. *Vicentia*, ou *Vicetia.*

Vich, Village d'Espagne, dans la Catalogne. *Ausa*, ou *Ausona.*

Vicherei, Village de Lorraine, dans le Saintois. *Vischeriacum Segintensium.*

Victot ou Viquetot, Village de Normandie. *Vici tosta.*

Vienne, Ville d'Allemagne, Capitale de l'Autriche, sur le Danube. *Vindobôna Noricorum.*

Vienne, Ville de France, dans le Dauphiné, sur le Rhône. *Vienna Allobrogum.*

La Vienne, Riviére de France, qui tombe dans la Loire, en Touraine. *Vigenna.*

Le Viennois, Canton du Dauphiné. *Allobroges Viennenses.*

Vierzon, Ville du Berri, sur le Cher. *Virsio.*

Vieste, Ville ou Village d'Italie, dans le Basilicat, ou dans le Capitanat. *Merinum Apulum.*

Vieux, Village de basse Normandie, dans le Bessin, à deux lieues de Caen, en tirant au midi entre les Riviéres d'Orne & d'Odon. *Vetera Castra Biducassium*, *Vedioca*, ou *Veoca.*

Viflisbourg. *Voiez*, Avenches.

Vight, Isle d'Europe, dans la Manche, une des petites Isles Britanniques, autour des côtes d'Angleterre, proche l'Ouessex. *Vecta*, ou *Vectis.*

Vigneules, Village du Portois Lorrain, *Vineola Portenses.*

Vignot, Village de Lorraine, dans la Voide. *Vinetum Bedense.*

Vihits ou Bigihon, Ville de la Turquie Européane, Capitale de la Croatie, sur l'Unna. *Ausancata.*

La Vilaine, petite Riviére de France, en Bretagne, qui tombe dans la Mer sur la côte méridionale aux extrémités du Comté Nantois. *Vicinonia.*

Vilissei, Village de Lorraine, dans la Voide, peu loin de la Meuse. *Villa Issiaca.*

Villa de Capilla, Ville ou Village d'Espagne, dans l'Andalousie. *Mirobrica Turdulorum.*

Villa Franca de Panadès, Ville d'Espagne, dans la Catalogne, entre Barcelone & Tarragône, *Carthago vetus.*

Villac, Ville ou Village d'Allemagne, aux Etats d'Autriche, dans la Carinthie, sur le Drave. *Teurnia Noricorum.*

Villalon, en Espagne, au Roiiaume de Léon. *Avia Vaccaorum.*

Ville en Bléſois, dans la Champagne, ſur la Bloiſe. *Villa Bloſienſis.*

La Ville des Anges, dans l'Amérique ſeptentrionale, au Mexique. *Angelopolis.*

Ville Franche, en Italie, dans le Piémont, proche le Pô. *Eleutheropolis.*

Villeneuve, ſur le Rhône, en Languedoc, dans l'Uſège. *Podium Andarnæ*, ou *Andaonæ.*

Villeneuve, ſur le Var. *Opidum Deciatum. Voiez*, Biot.

Ville-Pariſis, Village du Territoire de Paris, entre Paris & Dammartin. *Pariſium.*

Villepreux, Bourg de l'Iſle de France, entre Paris & Mante. *Diodurus Carnutum.*

Villéna, Ville d'Eſpagne, dans la Caſtille méridionale, vers le Roiiaume de Valence. *Cluſio Baſtitanorum.*

Villers-Côte-Rets, Château & Village de l'Iſle de France, dans le Valois, entre l'Autone & l'Ourc. *Villaris ad collum Retiæ.*

Forêt de Villers-Côte-Rets. *Retia Sylva.*

Villi, Village de Normandie. *Crenedion*, ou *Fonticulus.*

Vibraie, Village de Normandie. *Leucopelus*, *Album Lutum*, ou *Vibraia.*

Vilten ou Ouilten, Ville ou Village d'Allemagne, dans la Baviére, ou aux Etats d'Autriche, dans le Tirol. *Veldidena Rhætorum.*

Vilvorde, Ville du Brabant, ſur la Senne. *Filfortium.*

Le Vimeux, Canton de Picardie, entre la Somme, la Brêle & l'Océan. *Ambiani Vimacenſes*, ou *Vinemaci.*

Vimont, Village de Normandie, dans la Campagne de Caen. *Mons Albus.*

Vimontier, Village de Normandie. *Album Monaſterium.*

Vincei, Village de Lorraine, dans le Saintois. *Vinciacus.*

Vincennes, Château proche Paris. *Vicenæ.*

Vincheſtre, Ville d'Angleterre, dans l'Oueſſex. *Venta Belgarum tranſductorum.*

Vindiſch ou Ouindiſch, Village d'Allemagne, en Suiſſe, dans le Canton de Berne. *Vindoniſſa Ambronum.*

Vinten ou Ouinten, Ville d'Allemagne, ſur le Danube. *Vetoniana Vindelicorum.*

Vinterthur ou Ouinterthur, Ville d'Allemagne, en Suiſſe, dans le Canton de Zuric. *Vitodurum novum.*

Vinterthur ou Ouinterthur, Village d'Allemagne, en Suiſſe, au Canton de Zuric, à une lieue de la Ville de Vinterthur. *Vitodurum vetus.*

Vintimille, Ville maritime d'Italie, dans le Piémont, ſur les frontiéres de l'Etat de Gènes. *Albium Intemelium.*

Le Vipper, petite Riviére d'Allemagne, dans la Pomeranie, qui tombe dans la Mer Baltique au deſſous de Rugenvald. *Vipera.*

Viques, Village de Normandie. *Vicus*, ou *Vici.*

Viquet, Village de Normandie. *Viculus.*

Vire, Ville de Normandie,

dans le Bessin, sur la Vire. Elle est Capitale du Bocage. *Castrum Vera*.

La Virginie, Paiis de l'Amérique septentrionale, au Canada, dans la nouvelle Angleterre. *Mocosa*.

Virsbourg, Ville d'Allemagne, Capitale de Franconie, sur le Mein. *Herbipolis*, autrement, *Artaunum*, *Devona*, *Marcopolis*, ou *Peapolis*.

Visapor, Ville de l'Inde occidentale, dans le Roiiaume de Cunzan. *Musopalle*.

Vischmund, Village d'Autriche, à l'embouchure de la Riviére de Visch dans le Danube. *Æquinoctium*.

Viselbourg, Village de Hongrie, dans la Turquie Européane, vers le milieu de l'Isle de Shut. *Quadratum*, ou *Stelucus*.

Viset, petite Ville du Paiis de Liége, sur la Meuse, entre Liége & Mastricht. *Vesatum*.

Vismar, Ville d'Allemagne, sur la Mer Baltique, dans la basse Saxe. *Marionis altera*.

Le Vistre, petit Ruisseau de Languedoc, qui a sa source à Nismes, & se perd dans l'Etang du Tau. *Nemausus*, ou *Vitreus*.

La Vistule, Fleuve de Pologne, qui tombe dans la Mer Baltique à travers la Prusse. *Vistillus*, ou *Vistula*.

Viterbe, Ville d'Italie, en Toscane, Capitale du Patrimoine de Saint Pierre. *Vetulonia*.

Vitri le François, Ville du Perthois, en Champagne, sur la Marne. *Victoriacum Pertisum*.

Le Vitouard, petit Torrent du Bessin, qui prend sa source au Village de Ros, & tombe dans la Mer au dessous de Douvre. *Leucotrene*.

Le Vivarais, Paiis de France, en Languedoc. *Helvii*.

Viviers, Ville de France, en Languedoc, Capitale du Vivarais. *Vivarium Helviorum*.

La Vizzella ou Rio Ave, petite Riviére d'Espagne. *Avo*.

Ulme, Ville d'Allemagne, dans la Souabe, sur le Danube. *Alcimoennis*.

Ulubat. *Voiez*, Loubat.

La Province d'Undervald, Canton de la Suisse. *Sylvania Helvetiorum*.

Void, Bourg ou petite Ville de Lorraine, dans le Paiis de Béden, sur le Void. *Noniantus*.

Le Void, petit Ruisseau de Lorraine, qui coule dans le Paiis de Béden, & tombe dans la Meuse à Void. *Vidus*.

La Voide. *Voiez*, le Paiis de Béden.

Voiruiné, Village de Lorraine, dans la Voivre. *Vidiniacum*.

Voisage, Village ou Terre de Lorraine, au Paiis Messin, proche de la Moselle. *Basigonde Curtis*.

Volemarc, Ville d'Allemagne, aux Etats d'Autriche, dans la Carinthie. *Virunum Noricorum*.

Le Volga, Fleuve de la grande Russie, qui coule dans la Mer Caspienne, à travers le Roiiaume d'Astracan. *Rha*.

La Vologne, petite Riviére de Lorraine, dans le Paiis de Havend, qui tombe dans la

Moselle au dessus d'Arches. *Volonia.*

Le Voltorno, petite Riviére d'Italie, dans la Campagne de Rome. *Vulturnus.*

Le Vomano, petite Riviére d'Italie, dans l'Abrusse. *Vomanus.*

Vorbourg, Ville ou Village d'Allemagne, dans les Paiis-Bas, entre le Rhein & la Meuse. *Forum Hadriani*, ou *Elinum Batavorum.*

Vorchester, Ville d'Angleterre, dans la Mercie. *Branonegium*, ou *Branonium Cornaviorum.*

Le Territoire de Vorcum, en Hollande, entre le Vahal, la vieille Meuse, & le Biesbos. *Altena.*

Le Paiis de Vormes. *Vangiones.*

Vormes, Ville de la haute Allemagne, sur le Rhein, entre Maience & Spire. *Borbetomagus Vangionum.*

Vouilli, Village du Bessin, proche de Baieux. *Crenedion*, ou *Fonticulus Biducassium.*

Vourla, Village de la Natolie occidentale, sur la côte de l'Archipel, à l'entrée de la Baye de Smirne, vis-à-vis Nova Fochia. *Clazomenæ.*

Voussei, Village de Lorraine, dans le Soulossois. *Vaxeium.*

Urbin, Province & Duché d'Italie, sur le Golfe de Venise. *Vilumbri.*

Urbin, Ville d'Italie, Capitale du Duché de même nom. *Urbinum Hortense.*

Urbisaglia, Ville ou Village d'Italie, dans la Marche d'Ancône. *Pollentia Picena*, ou *Urbs Salvia.*

Urdos, Village de la Gascogne méridionale, au pié des Pyrenées, sur le Gâve d'Aspe. *Forum ligneum.*

Vrécourt, Village de Lorraine, dans le Soulossois, sur le Mouson. *Vulferii Curtis.*

Urfroid, Village de Lorraine, dans le Paiis de Blois. *Ursus Frigidus.*

Urgel, Ville d'Espagne, dans la Catalogne. *Orgella.*

Urgence, Ville d'Asie, dans la grande Tartarie, au Paiis des Jousbecs. *Corganga.*

La Province d'Uri, Canton de la Suisse. *Urania Helvetiorum.*

Uri, Ville d'Allemagne, aux Etats Suisses, Capitale du Canton de même nom. *Ursella Helvetiorum.*

Uschup, Ville de la Turquie Européane, dans la Bulgarie. *Scupi.*

L'Useguais, *ou plutôt* l'Usège, Territoire du Languedoc autour d'Usès. *Arecomici Vindomagenses.*

Userche, Ville du Limosin. *Userca.*

Usès, Ville du Languedoc, sur le Gardon. *Vindomagus Arecomicorum.*

Utrecht, Ville d'Allemagne, dans les Paiis-Bas, Capitale d'une Seigneurie de son nom, sur le Rhein. *Trajectus Rheni*, ou *Trajectus inferior.*

Le Wage, petite Riviére de Hongrie, qui tombe dans le Danube. *Cusus.*

Vuringen, Village de la haute Allemagne. *Buruncum Ubiorum.*

# X.

XATIVA, Ville d'Espagne, dans le Roiiaume de Valence. *Sœtabis nova Contestanorum.*

Xelsa, petite Ville d'Espagne, dans l'Aragon, ou dans la Catalogne. *Julia Celsa Ilergetum.*

Xérès de la Frontéra, Ville d'Espagne, dans l'Andalousie, proche la Guadalète. *Asta Regia.*

Xerta, Ville ou Village d'Espagne, en Aragon. *Osicerda*, ou *Ossigerda Ilercaonum.*

# Z.

ZAFAREN, Ville d'Afrique. *Clupea.*

Zamora, Ville d'Espagne, dans le Roiiaume de Léon. *Sentica.*

Le Zanguebar, grande partie de l'Afrique méridionale, sur la côte orientale. *Barbaria Æthyopica.*

Le Zanguebar, partie de l'Afrique méridionale, sur la côte orientale. *Æthyopia Barbara*, ou *Æthyopes Barbari.*

Zante, Isle de la Turquie Européane, dans la Mer Jonienne, à l'Est de la Morée. *Zacynthus.*

Zara Vecchia, Ville de la Turquie Européane, Capitale de la Dalmatie. *Jadera.*

Zavara, petite Isle d'Europe, dans la Méditerranée, proche la Sardaigne. *Herculis insula.*

La nouvelle Zemle, Terre la plus septentrionale de la grande Tartarie. *Elixonas, Helluvii Oxiones.*

Zendreuil ou Semendre, Ville de la Turquie Européane, dans la Servie. *Singidunum.*

Zeng ou Ségna, Ville & Port de la Turquie Européane, dans la Dalmatie. *Senia Liburnorum.*

Le Zermagna, petite Riviére, entre l'Istrie, en Allemagne, & la Dalmatie, dans la Turquie Européane, qui se décharge dans le Golfe de Venise. *Tedanium.*

Zia, la plus haute montagne de Naxie. *Dia.*

Zia, Isle de l'Archipel de la Méditerranée, à quatre lieues de Termie. *Ceos*, ou *Cea.*

Le Zutphen, Province de la basse Allemagne septentrionale, à l'Est de l'Issel. *Sicambri.*

Zibit, Ville de la Turquie Asiatique, en Arabie, dans l'Iémen. *Saba.*

Zoffinguen, petite Ville d'Allemagne, en Suisse, au Canton de Berne. *Tabinium.*

Zug, Canton d'Allemagne, dans la Suisse. *Tugeni.*

Zug, Ville d'Allemagne, dans la Suisse, Capitale du Canton de son nom. *Tugum.*

Zulpic, Village de la haute Allemagne, entre l'Erfft & la Roer. *Tolbiacum Ubiorum.*

Zunzen. *Utunta.*

Zuric, Ville d'Allemagne, dans la Suisse, Capitale du Canton de son nom. *Tigurum.*

*FIN DU DICTIONNAIRE FRANÇOIS-LATIN.*

www.ingramcontent.com/pod-product-compliance
Ingram Content Group UK Ltd.
Pitfield, Milton Keynes, MK11 3LW, UK
UKHW020309180726
13839UKWH00001B/420